JN104526

それでも僕たちは
「濃厚接触」を続ける！

世界の感触を取り戻すために

広瀬浩二郎

小さ子社

目 次

はじめに ── さわる文化と新型肺炎

　2020年、新型肺炎の流行は人類にとって何を意味するのだろうか。オリンピック・パラリンピックは、人間の「能力」（できること）を追求する成果発表の場といえる。世間がオリパラの祝祭に沸き立つ中、その軽薄さをあざ笑うかのように新型コロナウイルスが猛威を振るっている。オリパラは人間の「能力」を可視化する。とくにパラリンピックは、「できない」はずの障害者たちが、じつは健常者以上に「できる」人であることを明示する点で有意義だろう。オリパラが人間の「能力」を再考する絶好の機会になるのは間違いない。

　一方、世の中には可視化できないものがある。コロナウイルスは、「目に見えない世界」からのメッセージを伝える存在なのかもしれない。新型肺炎の流行は、「可視化＝進歩」と信じてきた人類の傲慢さに鉄槌を下したともいえよう。誤解を恐れずに言うなら、オリパラはすべての人が「できる」ようになる、もしくは「できる」ようにする創意工夫の産物である。そのオリパラの開催予定年に、人間の無力さ（できないこと）を明らかにし、進歩とは何なのかを問いかけているのが新型肺炎なのではなかろうか。

　近代化は、「距離」の概念に変化をもたらした。近年の情報通信技術の進展により、人間のコミュニケーションのあり方は日々変容している。人々は物理的な「距離」を意識することなく、インターネットを介して、さまざまな情報を獲得できる。飛行機や新幹線による高速移動の日常化は、「距離」を実感する身体感覚を奪ったともいえる。「距離」を感じない時代だからこそ、逆に人と人、人と物の間が離れていく。

　ミュージアムは、近代文明のシンボルである。古今東西、ミュージアムでは来館者と展示物の間に「距離」があるのが大前提とされてきた。「可視化＝進歩」と信じて近代化の道を邁進する人類にとって、五感の中で、視覚は最重要の感覚と位置付けられている。「より多く、より速く」情報を入手・伝達できる点において、視覚は他の感覚よりも優れているのは確かだろう。「距離」を感じない時代だからこそ、ミュージアムの来館者は物に触れず、遠くから「見る」だけの鑑賞が当たり前だと考えてきた。近代とはさわらない、さわれない、さわらせない時代なのである。

　新型肺炎の流行に伴い、「濃厚接触」という言葉を頻繁に耳にするようになった。ウイルスの感染を防ぐために、濃厚接触を避ける。単純にとらえるなら、一連のコロナ騒ぎは、さわる文化の危機ということができる。しかし、そもそも接触とは何だろうか。かつて人間は「距離」を縮めるために、身体を駆使して対象物に肉薄した。中世・近世に各地を遍歴した琵琶法師

の芸能を想起するまでもなく、テレビやラジオがない時代、人々の生活は濃厚接触で成り立っていたともいえる。濃厚接触で人・物に触れる際、そこには暗黙のマナー、触れ合いの作法があった。近代化の「可視化＝進歩」の過程で、人類は濃厚接触のマナーを忘却してしまった。

　物を媒介として濃厚接触を実践できるのが、本書で取り上げる「ユニバーサル・ミュージアム」（誰もが楽しめる博物館）である。展示物に直接触れるには、身体を動かし、手を伸ばして「距離」を縮めなければならない。展示物の背後には、それを創り、使い、伝えてきた人々の文化、目に見えない物語がある。なぜさわるのか、どうさわるのか。新型肺炎の流行は、現代社会が濃厚接触のマナーを取り戻す契機となるに違いない。

　感染予防の本義は、万人が消毒に心がけ、ウイルスが増殖・拡大しないように注意を払うことである。消毒とは自分のためのみではなく、周囲に対する配慮、優しさを示すものだろう。新型肺炎の流行後に開かれるオリパラは、どんなものになるのか。2021年は究極の濃厚接触、新たな触れ合いのマナーが創出される記念の年となることを期待したい。さあ、「距離」を感じない時代だからこそ、一歩踏み出してみよう。伸ばした手の先に、目に見えない豊かな世界が広がっていることを信じて！

第一部

写真集「さわる世界旅行」

1 | 人生にさわる六つの手

※いきなり理屈っぽい話で恐縮だが、「さわる世界旅行」とは以下のように定義できる。

Ⅰ「さわる世界＋旅行」＝視覚優位の現代社会では軽視されがちな「さわる世界」を探究する。

Ⅱ「さわる＋世界旅行」＝「さわる」という方法を用いて、地球上の多様な国・地域を訪ねる。

　第一部では、本書を貫くⅠとⅡの有効性、豊かな可能性を読者とともに確認していこう。第一部の1がⅠに、2がⅡに相当する。

　本書は「世界をさわる」僕の体験記、研究と実践の報告である。ここでいう「世界」には、人間社会・生活環境など、さまざまな意味が含まれる。「さわる世界旅行」を始めるに当たって、まず「手」をキーワードとして、僕の人生を振り返ってみたい。そこから、"触"の普遍的な価値を提示できればと願っている。なお、本文の各所で、全盲の僕が撮影した6枚の写真を紹介する。風を撮る写真、風で撮る写真。これらは2020年6月〜7月の通勤途上、全身の手を伸ばして撮った「濃厚接触」の記録である。

　①手助け＝手をつかう：　　小学校時代、弱視だった僕は地域の
　　　　　　　　　　　　　　一般校に通っていた。遠足やクラブ
活動、映像を用いる授業では、弱視学級の教員が適宜サポートに入ってくれた。5年生くらいから僕の視力は低下し、周囲の健常児に付

いていけない場面が多くなる。教科書が読めなくなり、黒板の文字も僕の視界から消えた。とくに難しかったのが体育と図工である。

短距離走では運動場の白線が見えないので、同級生といっしょに走れなくなった。「足は遅くないはずなのに……」。できていたことが、できなくなる。できるはずなのに、うまくできない。なかなか自分の「障害」を受け入れられない僕に対し、弱視学級の教員がいっしょに走ろうと提案した。でも、僕は先生に誘導されて走るのが恥ずかしくて、なんだかんだと文句を言って抵抗する。先生はそんな僕を一喝した。「いいかげんにしなさい」。もう40年以上も前のことなので、愛の鞭（お尻に手）が飛んできた。僕は先生の腕を持たせてもらい、懸命に走った。

あの時のお尻の痛み、先生とともに半泣き状態で真剣に走った記

憶は、今でも鮮明である。「できないことを恥ずかしがらなくてもいい」
「できない時は、堂々と手助けを求めよう」「あの手この手を駆使す
れば、どうにかなる」。小学校の校庭で、僕は目の代わりに手を使っ
て生きていく覚悟を固めた。そして、40年。「障害物」にぶつかり、
痛い思いをすることもあったが、僕は今日も「先が見えない」状態
で、白杖を片手にふらふら歩いている。

②手解き＝手でつくる： 　13歳で完全に失明した僕は、中高
の6年間を東京の盲学校で過ごす。
点字を習得し、録音図書で読書も楽しむようになった。盲学校では
学習面のみならず、視覚を使わずに日常生活を送る手解きを受けた。
短距離走では、ゴールで音や声を出してもらい、そこに向かって思いっ
きり走った。ゴールは見えないが、とにかく前に進もう。自分の手
で道（トラック）を切り開いていく興奮、身体で風を切る心地よさ。
「できない」と思い込んでいたことが「できる」という経験を積んで、
僕は成長した。

　小学校の図工は視覚的な要素が強く、写生・版画などで苦労を強
いられた。盲学校の美術の授業では、粘土で自由に造形する喜びを
知った。創りながら考え、考えながら創る。心に浮かぶ思い、イメー
ジを自分の手で形にしていく。図工では劣等感を味わうこともあっ
たが、「やはり作品を制作するのはおもしろい！」と確認できたのは、
盲学校の美術の成果といえよう。

　僕が盲学校に在籍した1980年代前半、点字の参考書・問題集は
ほとんどなく、ボランティアに点訳を依頼しなければならなかった。
しかし、時に数が少ないことはプラスに働く。「井の中の蛙、大海
を知らず、されど空の深さを知る」という心境だろうか。量ではな

く、質にこだわる手でいこう。僕は目移りならぬ手移りしない強み
を活かし、受験勉強に取り組んだ。点字受験を経て、第一志望の大
学に合格できた事実は、僕に自信を与えた。健常者は主に目を使っ
て学習する。一方、視覚障害者は目の代わりに手を使う。大学合格
という山頂をめざすのは、健常者も障害者も同じである。でも、山
の登り方は十人十色でいい。僕は自らの手で、自分オリジナルの世
界を創ることを夢見て、大学の門をくぐった。

　　③手応え＝手につかむ:　　　　大学生となった僕は京都で一人暮ら
　　　　　　　　　　　　　　　　　しを始め、キャンパスライフを満喫
する。手助け、手解きは受けるものだったが、20代の僕は手の能
動性に目覚めていく。学生時代の最大の挑戦は、趣味で武道の稽古

を開始したことだろう。友人の誘いで、居合道部への入部を決めた。幼いころから時代劇、剣豪小説が大好きだった僕は、「どうにかして合法的にチャンバラができないものか」と大真面目に考えていた。さまざまな型に従って刀を振る居合道は、そんな僕にぴったりだった。

　とはいえ、見様見真似のできない僕が、居合の型を憶えるには時間がかかる。「刀はこうやって振ります」と師範や先輩に説明されても、僕には「こう」がわからない。入部後１年ほど、明らかに僕の居合はぎこちなく、同級生に比べると、習得した型の数も少なかった。僕の演武では、視覚以外の感覚をフル活用する。足裏で道場の床面、畳の目の向きを確かめ、刀を振る音の反響で、壁との距離を測る。時に汗臭いにおいで、横にいる先輩の位置を知る。僕は同級生のことは気にせず、マイペースで稽古を続けた。

　一通り型を憶えて、反復練習を重ねる段階になると、視覚障害は
ハンディでないことに気づく。自分の手が触れた（身体がとらえた）
情報をしっかり掴み、独自の型を練り上げていく。刀を前後・左右
に操りながら、僕は座頭市気分を楽しんだ。居合道の経験で手応え
を得た僕は、この20年ほど、合気道の道場に通っている。合気道では、
相手と手を合わせる、手を掴まれるところから始まる技が多い。目
に見えない気の流れをうまく掴むのが合気道の極意である。全身か
ら手を伸ばし、相手の動きを察知する。視覚を使わない武道（無視
覚流）を追求する僕のスタンスは、趣味にとどまらず、人生に向き
合う姿勢にもつながっている。

　④**手探り＝手がつける：**　僕は学部・大学院で日本史の研究に
　　　　　　　　　　　　　　取り組んだ。2000年に提出した博
士論文の題目は、「宗教に顕れる日本民衆の福祉意識に関する歴史
的研究」である。一般に、宗教は「目に見えない世界」を対象とし
ているので、僕にとって親しみやすい。修士課程在籍時に行なった
東北地方のイタコ（盲巫女）の調査をきっかけとして、僕は新宗教
の教祖の神憑りに興味を持つようになる。各地の教団を訪ね、関係
者にインタビューを申し込んだ。新宗教の教団では文字を媒介とし
ない口伝、教典の暗誦・音読が奨励されているので、僕も耳から教
義を理解することができた。
　僕のフィールドワークは、接触と触発の連鎖だと感じている。宗
教儀礼の現場に身を置き、信者の会合に出席する。可能な範囲で、
教団施設内も歩かせてもらう。目が見えないので、調査で得る情報
量は限られる。しかし、全身の手を使って、文字どおり手探りすれば、
「見えないゆえの発見」があるかもしれない。教団の雰囲気に触れ

る中で、人・物が発するメッセージ（告げる手）をどれだけ上手にキャッチできるのか。常に能動的な手探りを心がけているが、体当たり調査がすぐに大当たり論文に結び付くわけではない。無視覚流研究者としての手腕をもっと磨かなければならないだろう。

　新宗教教団では、伝統的な手当てによる治病祈祷が、現在でも少なからぬ信者を引き付けている。僕自身も、宗教者の「告げる手」の威力を実感することが多々あった。教祖の手以外にも、目に見えぬ、物言わぬ研究の手がかりはあちこちに転がっている。「耳で見て目できき鼻でものくうて　口で嗅がねば神は判らず」。これは、僕が博士論文で取り上げた大本教の教祖・出口王仁三郎が残した和歌である。常識的な五感の使い方をしていては、神（真理）に近づくことができない。この和歌は、視覚障害のあるフィールドワーカーと

して、独創的な研究を模索する僕の指針となっている。

　⑤手渡し＝手へつなぐ：　博物館に就職した僕は、「さわる展示」の開発・普及に力を注ぐようになる。月並みな表現だが、僕はさまざまな手によって生かされ、生きてきた。そんな手の可能性と多様性を広く発信できる場として、博物館は最適のフィールドといえる。2009年は点字の考案者、ルイ・ブライユの生誕200年に当たる記念の年だった。世界各国の視覚障害関連の団体が祝賀会、啓発イベントを行なった。僕も「…点天展…」という展覧会を企画・実施した。タイトルの前後に付した「…」は点字の六つの点を示している。

　当初、僕の中では点字、ひいてはそのユーザーである視覚障害者について、もっと一般の健常者に知ってもらいたいという単純な思いが強かった。しかし、展示計画を拡大・充実させる過程で、点字に込められた精神は現代社会にとって必要なのではないかと確信するようになった。そこで、僕は展覧会のテーマを「点字力＝少ない材料から多くを生み出すしたたかな創造力、常識にとらわれないしなやかな発想力」とした。点字はわずか六つの点の組み合わせで日本語の仮名、数字、アルファベットなどを表すことができる。複雑な理数記号、楽譜の点字もある。森羅万象、壮大な宇宙（天）を六つの点に集約した創意工夫が、点字の真骨頂といえよう。大量生産・消費が当たり前とされる現代の豊かな社会において、「より少なく」という点字力は重要である。

　点字考案以前、各国の盲学校では通常の視覚文字（線文字）を凹凸化した触覚教材が使用されていた。線文字は視覚的な認知には適しているが、触覚で読み取るのは難しい。文字は線で書くという

　健常者の常識を打破し、「点の文字があってもいいではないか」と、もう一つの選択肢を提示する。ブライユが明示した「生きる手段」「考える手法」をたくさんの健常者に伝えること。これが僕の役割なのではないかと、展覧会を通じて自覚することができた。先人たちの思いを来館者に手渡しする。過去の手を現在、そして未来へつなぐのが「さわる展示」である。ブライユの点字力を継承し、僕もユニークな「手仕事」を続けていきたい。

　⑥手洗い＝手はつどう：展示物にさわることは、新たな博物館の魅力を引き出すという意味で有効なのは間違いない。一方で、資料保存の観点からすると、展示物にさわることは基本的に認め難い。どんなに注意深くさわっても、

資料が汚損・破損する恐れは避けられない。露出展示は、資料の盗難・紛失の危険と隣り合わせであることも忘れてはなるまい。そんなマイナスを承知した上で、あえて「さわる展示」を実施するのはなぜか。"触"のメリットを言語化し、各方面に宣揚していかなければならないだろう。

　博物館で展示される物の背後には、それを創った人、使っている人、伝えてきた文化がある。多くの場合、「創・使・伝」は人間の手を介してなされる。人の一生と同じように、それぞれの物が生まれ、残されていくためには、創り手・使い手・伝え手が関わっていることが肝要だろう。「創・使・伝」のプロセスは、目で直接見ることができない。じっくり展示物にさわり、「目に見えない物語」を想像・創造する。これが「さわる展示」の要諦である。視聴覚情報の授受に偏る学校教育の現場等でも、"触"の体験学習の効果が再評価されることを僕は切望する。

　資料保存にも配慮しつつ、「さわる展示」を全国に広げていくには、どうすればいいのか。僕は「さわるマナー」（作法と技法）を周知するしかないと考えている。さわるマナーとは、「優しく丁寧に触れる」ことである。文字にするのは簡単だが、このマナーを徹底させるのは難しい。各地の博物館では、「さわる＝壊してもいい」と勝手に決めて、乱暴に資料を取り扱う小学生の団体が目立つ。他方、「博物館＝見学する場所」という固定観念が刷り込まれた大人は、意外とさわろうとしない現実もある。こういった来館者にさわる作法（なぜさわるのか）、さわる技法（どうさわるのか）を伝えていくのは大きな課題だろう。

　逆説的な言い方になるが、今回のコロナ禍は、「さわるマナー」の普及・定着にとってプラスに作用するのではないか。物の背後に

は人がいる。その人の存在に思いを馳せる。人に対する敬愛の念を持てば、物への接し方も変わってくる。物に対する「さわるマナー」は、者(もの)と触れ合う際の優しさ、丁寧な態度にもリンクしている。

　博物館で展示物に触れる前には、消毒に心がけ、かならず手を洗う。消毒・手洗いは自分のためのみならず、次に物に触れる人への優しさの表出でもある。僕は「さわる展示」を優しい手が集う場にしていきたいと願っている。優しい手は強制的に集められるのではなく、自発的に集まるものである。万人が「濃厚接触」の意義を再確認できるような「さわる展示」を今後どれだけ実現できるのか。「手をつかう、手でつくる、手につかむ、手がつげる、手へつなぐ、手はつどう」。僕の「六つの手」の実践は、これからが正念場である。

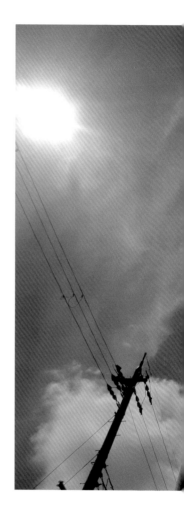

2 | 紙上展示「世界の感触」

　2019年の夏から秋にかけて、国立民族学博物館の収蔵庫で「世界の感触」を求めて資料調査を行なった。本調査は、「世界の各地域の特徴を手触りにより探究・分類する」という壮大な計画の第一歩と位置付けることができる。僕は企画課の職員のサポートの下、「さわっておもしろい」「さわらなければわからない」という観点で資料を選んでいった。まさに、手探りの世界旅行である。

　選定した資料は当初、2020年の企画展「見てわかること、さわってわかること」で展示する予定となっていた。しかし、残念ながら企画展の中止（特別展への一本化）に伴い、触察資料の紹介は他日を期すこととなった。手探りの世界旅行をまだまだ続けなければと、気を引き締めている（詳しくは第二部第3章を参照）。

　僕が選定した資料は、写真家の平垣内悠人さんに撮影していただいた。ここでは「紙上展示」という形で、平垣内さんが撮ってくださった資料写真で「世界の感触」を表現してみたい。僕の収蔵庫調査では、それぞれの資料との濃厚接触が重要である。平垣内さんはさまざまな角度から各資料をじっくり見て、シャッターを切る。「さわるように見る」写真家の撮影も、濃厚接触といえるのかもしれない。

　濃厚接触で選ばれた資料。濃厚接触で撮影された写真。これらの資料写真を見る読者のみなさんも、ぜひ各自のスタイルで濃厚接触をお楽しみいただきたい。読者が文字どおり1枚1枚の写真に触れ

る時、「紙上展示」は完成する。平垣内さん、僕、そして読者の「手」
が重なり合う。そこから新たな「世界の感触」が生まれる！

　なお、今回紹介する写真は、僕が選定した「世界の感触」資料の
すべてではない。大型の資料など、撮影できなかったものがあるこ
とをお断りしておく。また、収蔵庫での調査、資料リストの整理で
は研究室のアシスタント・生田尚子さんにお世話になった。この場
を借りて感謝の意を表したい。

凡例

・軽い／硬い／暖かい／ごちゃごちゃ　などのキーワードは、広瀬が資料をさわっ
　たときの印象を表している
・読者を濃厚接触に誘う解説を付した
・資料情報は
　　　　資料名
　　　　使用地
　　　　寸法
　　　を掲載
・写真提供　国立民族学博物館

軽い
硬い
暖かい
ごちゃごちゃ

伝承文化を板に彫刻する民芸品。
鳥・ワニ・魚の触感がリアル。
木の優しい手触りとともに村の生活の
様子が伝わってくる。

ストーリーボード
パプアニューギニア
長さ（左右）：77cm
幅：37.5cm

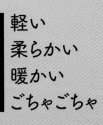

軽い
柔らかい
暖かい
ごちゃごちゃ

何かの入れ物にも感じ
られる。軽くて涼しそ
うなので思わず顔にあ
ててみたくなる。

仮面
パプアニューギニア
長さ：56cm
幅：26cm

軽い
硬い
暖かい
ざらざら

ブーメラン（ケース付）
オーストラリア
幅：29.5cm

ブーメラン 3 種の微妙な手触りの違いに注目。
手に持つと、重さや形が合理的に作られたも
のであることがわかる。
思わず投げてみたくなる。

軽い
硬い
暖かい

つるつる

軽い
硬い
暖かい

つるつる

ブーメラン
オーストラリア
幅：40.5 cm

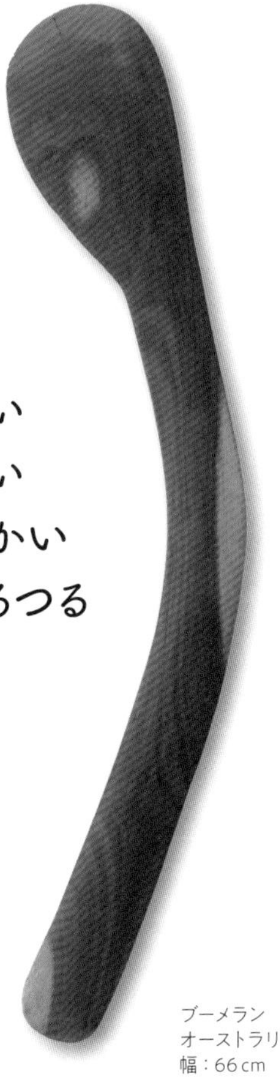

ブーメラン
オーストラリア
幅：66 cm

全身で触る体験ができる最適の資料が椅子である。
座面と脚の関係、背もたれの角度、装飾の美しさとおもしろさを触って確かめる。
最後にゆっくり座ってみよう。

重い
硬い
暖かい
ざらざら

椅子
ブラジル連邦共和国
長さ（全長）：77 cm
幅：39 cm
高さ：36 cm

重い
硬い
暖かい
つるつる

椅子
ブラジル連邦共和国
長さ（全長）：122 cm
幅：69.5 cm
高さ：41 cm

叩く場所によって音の高さが違う。
叩いてみると、箱の面によって板の厚さが
異なることがわかる。穴から手をいれて、
内部を探るのもいいかも。

**軽い
硬い
暖かい
つるつる**

ギザギザ部分を棒でこすって音を出す。
丸みを帯びた形と不思議な音のギャップが面白い。
いつまでも撫でていたい気持ちよさ。

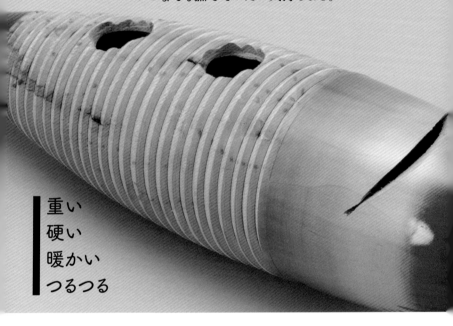

重い
硬い
暖かい
つるつる

楽器（カホン）
ペルー共和国
長さ（幅）：29cm
奥行き：22.5cm
高さ：47.5cm

楽器（グイロ；ならし具付）
ペルー共和国
長さ：38cm
直径：8cm

軽い
硬い
暖かい
つるつる

木製の工芸品としても美しい。
儀礼の日に大量のご飯を村人
やお客に振舞い、村中を練り
歩く女性の名誉の印。
何かをすくう道具は人々を救う
ことができるのかもしれない。

スプーン
コートジボワール共和国
長さ：58.2 cm
幅：12.9 cm

赤ちゃんができるようにとお願いする人形。

大きな円盤のような頭が特徴。

胸・鼻の突起のさわり心地がいい。

ヘアスタイルを示す頭の裏の模様も楽しい。

人形（アクアバ）
ガーナ共和国
長さ：39.7cm
頭の直径：17.5cm

軽い
硬い
暖かい
つるつる

重い
硬い
冷たい
ごちゃごちゃ

仮面（トゥガンガ）
カメルーン共和国
高さ：33cm
幅：27cm

人の顔の形をした真鍮製の飾り面。
祖先の王の顔を真似て作られている。
立派な眉・髭が印象的。
頭部の鳥やワニ、蜘蛛の質感がリアル。
仮面の重みが楽しさと恐ろしさを感じ
させる。

仮面（トゥガンガ）
カメルーン共和国
高さ：29.5cm
幅：21.5cm

重い
硬い
冷たい
ごちゃごちゃ

重い
硬い
冷たい
つるつる

かばん
セネガル共和国
長さ（幅）：21.5 cm
奥行き：15 cm
高さ：16 cm

外側は空き缶、内側の内装には古雑誌が使われている。
空き缶のペコペコ感が心地よい。
廃品を利用したユニークな工芸品。
重たいので、持ち歩くには不便だが、ちょっと自慢したくなるかも。

重い
硬い
冷たい
つるつる

かばん
セネガル共和国
長さ（幅）：18.84 cm
奥行き：12 cm
高さ：12 cm

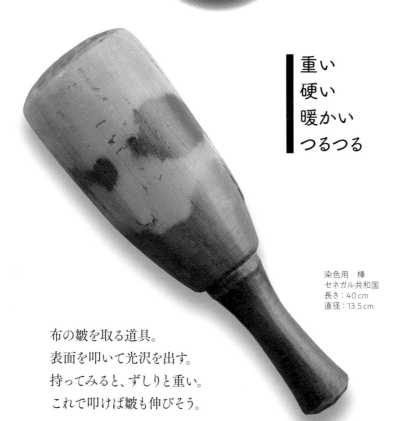

重い
硬い
暖かい
つるつる

染色用　棒
セネガル共和国
長さ：40cm
直径：13.5cm

布の皺を取る道具。
表面を叩いて光沢を出す。
持ってみると、ずしりと重い。
これで叩けば皺も伸びそう。

首長用　椅子
コンゴ民主共和国
座面幅：36.5cm
座面奥行き：37.5cm
高さ：92cm

1人1人が何をしている
のかを探ると、座るのを
忘れて楽しめる。

重い
硬い
暖かい
ごちゃごちゃ

重い
硬い
暖かい
ごちゃごちゃ

座面の下に引き出しがある。
（何を入れるのだろうか。）
座面の緩やかな曲線が心地いい。

象の背中は安定がよさそう。
象の鼻が椅子を支えているのも
おもしろい。

椅子
ガーナ共和国
座面幅：60cm
座面奥行き：29.5cm
高さ：43.8cm

重い
硬い
暖かい
つるつる

椅子
ガーナ共和国
座面幅：77cm
座面奥行き：35cm
高さ：77.5cm

軽い
硬い
暖かい
つるつる

チーズを作るときに、乳をかき混ぜる道具。
絞った乳を樽に入れ、凝固剤を加えたあ
とにかき混ぜる。

長い棒なのでたくさんのチーズを作ってい
たことがわかる。

先端部の繊細な構造が食欲をそそる。

チーズ用　撹拌具
ルーマニア
長さ：95cm
直径：30cm

重い
硬い
暖かい
ざらざら

毛も残っていて、象の足の手触りがリアル。
これが歩いていたのかと思うと、象には
気の毒だが、リッチな気分になる。

物入れ容器（腰掛け兼用）
イギリス
高さ：37.4cm
横幅：41.0cm
奥行：45.4cm / 7688g

逆三角形の人間のような形で力強い。
大きな音がするので、牛や羊の姿が
見えなくても探すことができそう。
中に指を入れると音が出る仕組みが
よくわかる。

軽い
硬い
冷たい
つるつる

家畜用　鈴
ルーマニア
長さ（幅）：8.4cm
奥行き：4cm
高さ：4cm

軽い
硬い
冷たい
ごつごつ

トウモロコシ用　実削り具
ルーマニア
長さ：9cm
幅：3.5cm

乾燥したトウモロコシを剥がす道具。
鶏に餌としてトウモロコシを与える時に使う。
表面の歯型のような突起は小さくてかわいい。
ペンダントや毛玉取りにも使えそう。

手に持つと、重さとともに経文のありがたさが伝わってくる。
浮き出した文字は模様としても美しく、触れると、それを
彫った人の思いを想像できる。
反対の面の顔はいかめしい。

**重い
硬い
冷たい
ごつごつ**

マニ石
ネパール王国
長さ（左右）：23cm
幅：13cm

チベット仏教の法具。
外側の箱の木のざらざらした手触りと、
マニ車を回転させる際のなめらかな感触の
対比がおもしろい。
マニ車を1回まわすと、膨大なお経を全
て読んだのと同じ功徳が得られる。

重い
硬い
冷たい
ごちゃごちゃ

マニ車（ケース付き）
ブータン王国
長さ（幅）：45cm
奥行き：45cm
高さ：60cm

独特の獣臭が鼻を刺激する。
古い毛布のような手触りが印
象的。
極寒の地の冬が想像される
が、暖かいというよりも暑そう。

重い
硬い
暖かい
ざらざら

軽い
柔らかい
暖かい
ごちゃごちゃ

表面は迷路のようだ。
模様によって味は変わるのだろうか。
木の柔らかい感触、複雑な模様は
粘土遊びにも使えそう。

長靴
モンゴル国
高さ：43.5cm
幅：31cm

パン用　型
モンゴル国
長さ（左右）：24cm
奥行き：6.3cm
高さ：4.5cm

軽い
柔らかい
暖かい
ごちゃごちゃ

装飾品（繍球）
中華人民共和国
広西壮族自治区
直径：12cm
房飾り長さ：17cm

ひとつの球で様々な手触り、装飾
の美を楽しむことができる。
小形の球は、転がすと手になじむ。
飾りもかわいい。
大形の球にさわると各パーツの構
造がよくわかる。
軽く叩いてみると、ずっしり感が伝
わってくる。

重い
柔らかい
暖かい
ごちゃごちゃ

装飾品（繍球）
中華人民共和国　広西壮族自治区
直径：57cm　房飾り長さ：64cm

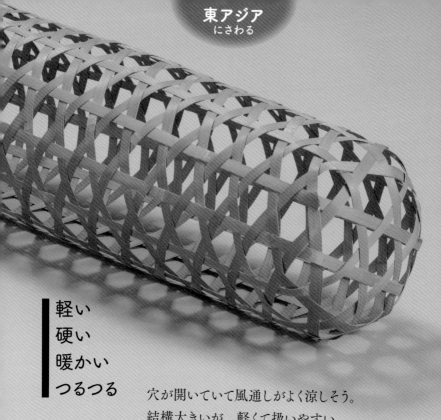

軽い
硬い
暖かい
つるつる

穴が開いていて風通しがよく涼しそう。
結構大きいが、軽くて扱いやすい。
これがあれば日本の猛暑も乗りきれそう。

抱き枕（竹夫人：チュクプイン）
大韓民国
長さ：118cm
直径：20cm

女性用　首飾り
中華人民共和国　雲南省
直径：26cm

重い
硬い
冷たい
ごちゃごちゃ

少し重たくて肩が凝りそうだが、
それでも身に付けたくなる。
かっちりした金属の手触りが
身と心をひきしめる。

軽い
硬い
暖かい
ざらざら

飯入れ
インドネシア共和国
高さ：20cm
直径：25cm

軽い
硬い
冷たい
つるつる

飯入れ（ふた付）
インドネシア共和国
高さ：20cm
直径：23.5cm

軽い
硬い
暖かい
ざらざら

飯入れ（ふた付）
インドネシア共和国
高さ：13.5cm
直径：22cm

炊いたり蒸したりしたご飯を入れるおひつ。
機能は同じだが、素材の違いによってご飯
の味が変わるかもしれない。
アルミやプラスチックよりも、竹の手触りが
優しく食欲をそそる。

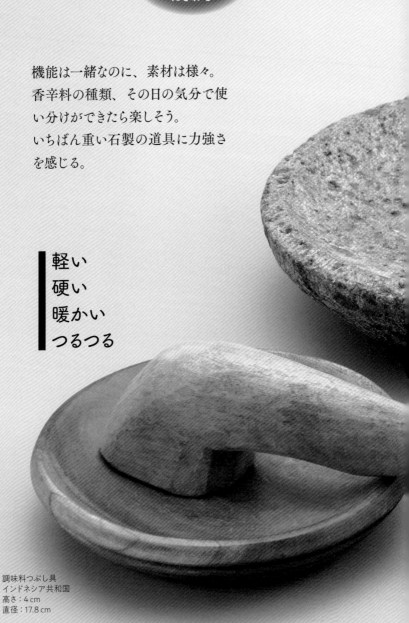

機能は一緒なのに、素材は様々。
香辛料の種類、その日の気分で使
い分けができたら楽しそう。
いちばん重い石製の道具に力強さ
を感じる。

軽い
硬い
暖かい
つるつる

調味料つぶし具
インドネシア共和国
高さ：4cm
直径：17.8cm

調味料つぶし具
インドネシア共和国
高さ：6.5cm
直径：24cm

重い
硬い
冷たい
ざらざら

調味料つぶし具
インドネシア共和国
高さ：5cm
直径：18cm

軽い
硬い
冷たい
つるつる

軽い
硬い
暖かい
つるつる

ランドセルのような形に懐かしさを感じる。

軽いのでいろんな物を入れたくなる。

涼しそうだが雨が降った時などはどうするの
だろう。

内部のざらざらした手触りも楽しみたい。

子供用　背負いかご
タイ王国
長さ（幅）：37cm
奥行き：27cm
高さ：39cm

男性用下着の一種、装身具。
ひょうたんの手触りがスムーズで不思議なかたち。
大きさ・太さ・色など、TPOにあわせて
使い分けて楽しむ。

軽い
硬い
暖かい
つるつる

ペニスケース
インドネシア共和国（ニューギニア島）
長さ：63.5cm
直径：4.4cm

軽い
硬い
暖かい
ざらざら

手触りをたのしみつつ、開いたり
閉じたりしてみよう。
思ったよりも機能的にできている
ことがわかる。
開いてみると、紙の繊細さと強
さを感じる。

カラカサ
タイ王国
長さ：45.5 cm
傘をひろげた直径：57 cm

吹くのは簡単だが鳴らすのは難しい。
穴の微妙な位置に注目。
筒の手触り、太さが少しずつ異なるのが
面白い。

軽い
硬い
暖かい
つるつる

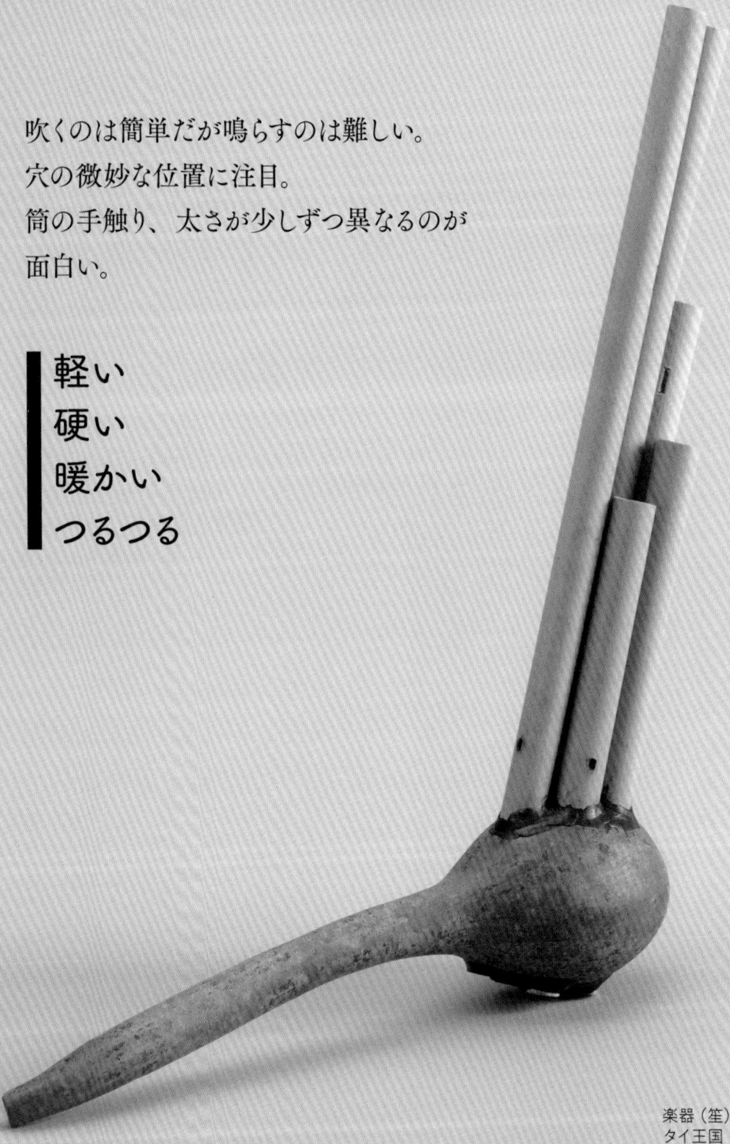

楽器（笙）
タイ王国
高さ：35cm
幅：28cm

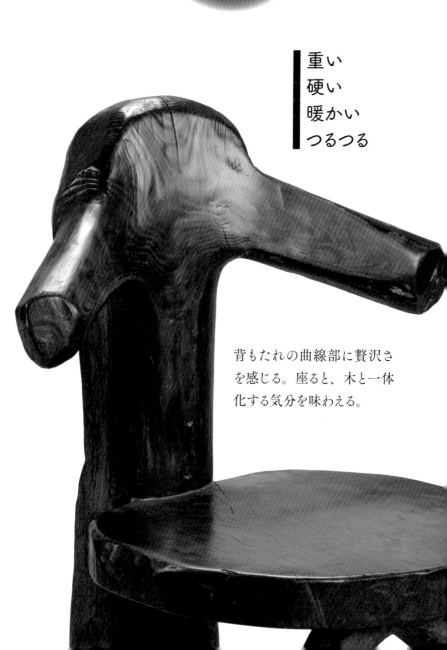

重い
硬い
暖かい
つるつる

背もたれの曲線部に贅沢さ
を感じる。座ると、木と一体
化する気分を味わえる。

重い
硬い
暖かい
つるつる

木製椅子　フィリピン（ルソン島）
横幅：68cm　高さ：44cm
奥行き：35cm

座面、背もたれの滑らかな手触りと、
脚部のささくれの触感が印象的。
三角形の形状は少し痛そうだが、座っ
てみると身体にフィットする。

木製椅子
フィリピン（ルソン島）
横幅：60cm
高さ：73cm
奥行き：44cm

軽い
硬い
暖かい
ざらざら

雪の上を歩くための道具。
雪にかかる荷重を分散させ、
沈まないようにする。
軽くて木の手触りもいい。
曲線部のフォルムが心地よく、
インテリアとしても飾れそう。

軽い
硬い
暖かい
つるつる

シリハリ（キツネガエリ）とよばれる小
正月の行事で用いられる道具。
子供達が新婚夫婦の家を訪ね、嫁
の尻を叩く。
早く跡継ぎが産まれて家が栄えるよう
にと願う。
柄に彫られた飾りは本物っぽいが、
切れそうで切れない剣。

かんじき
日本（京都府）
（右）長さ：39cm
　　　幅：27cm
（左）長さ：35cm
　　　幅：27cm

木剣
日本（京都府）
長さ：62.5cm

軽い
硬い
暖かい
つるつる

炊飯用の道具。軽くてシンプルだが、
台所にかまどがあった時代には火おこ
しのために使われた。
還暦の祝いの品としても贈られた。
大きな穴から息を吹き入れると、小さ
な穴から勢いよく風が出る。

火吹き竹
日本
長さ：31cm
直径：4.4cm

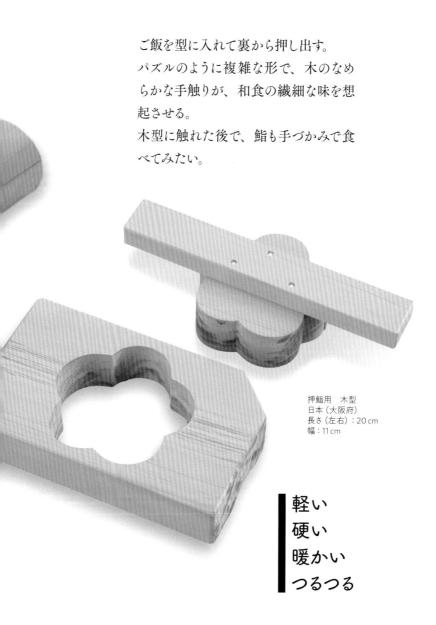

ご飯を型に入れて裏から押し出す。
パズルのように複雑な形で、木のなめ
らかな手触りが、和食の繊細な味を想
起させる。
木型に触れた後で、鮨も手づかみで食
べてみたい。

押鮨用　木型
日本（大阪府）
長さ（左右）：20cm
幅：11cm

軽い
硬い
暖かい
つるつる

継手の伝統技法を活用した現代アート作品
（横山稔・横山陽子氏制作）。
縁台は組み木 40 本のパーツに簡単に分解できるが、人が
座っても壊れない強度がある。表面のすべすべ感が心地よい。
文箱には大切な宝物をそっと入れておきたい。
蓋の溝に千切りをはめ込むことで文箱が開かなくなる。
千切りは、文鎮にも使用できる。

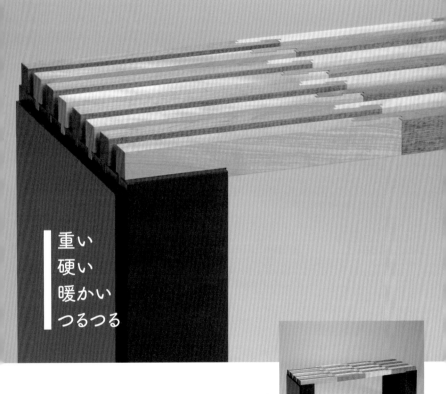

重い
硬い
暖かい
つるつる

長椅子（箱入継手縁台）
日本
幅：120 cm
奥行き：40 cm
高さ：40 cm / 13.7 kg

重い
硬い
暖かい
つるつる

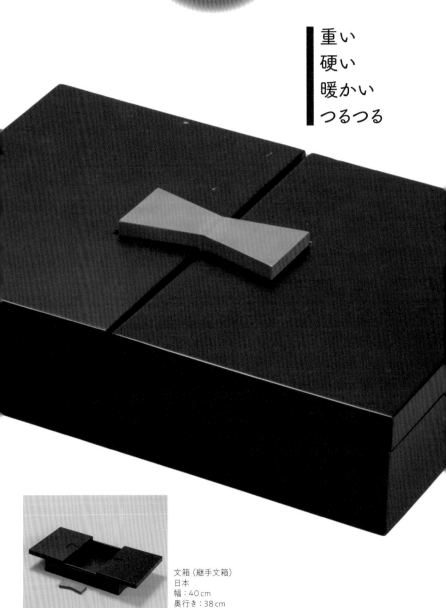

文箱（継手文箱）
日本
幅：40 cm
奥行き：38 cm
高さ：13 cm / 1.68 kg

〔コラム1〕バードカービング──世界をさわるツールとして

　バードウォッチングからバードリスニング、さらにバードタッチングへ。見る鳥もいいが、聴く鳥は味わい深く、さわる鳥は自然とともに「生きる」意味を僕たちに問いかける。

　今、僕は早起きして、この原稿を書いている。真夏は暑くて仕事が捗らないが、たまに早起きすると、朝の静寂と涼しさの中、頭が冴える。全盲の僕は、多種多様な鳥の声で朝を感じている。鳥の鳴き声と名前を結び付けることができれば楽しいだろうが、僕はそこまでの風流人ではない。でも、鳥はいつも僕に優しく語りかける。「さあ、早く宿題を片付けて、元気よく出かけようぜ」。

　国立民族学博物館（民博）では継続的にバードカービングを収集・展示してきた。狩猟用のおとりであるデコイをルーツとするバードカービングは、今日では鑑賞目的の木彫作品として欧米等で親しまれている。いかに本物の鳥そっくりに見えるのかを競うコンクールも盛んである。バードカービングは、屋内でのバードウォッチングの可能性を広げた。現在、僕たちは各地の博物館で珍しい鳥のカービングを見ることができる。

　民博が所蔵するバードカービングは、内山春雄氏の作品である。内山氏は「目の見えない人に鳥の生態を伝えること」を願い、タッチカービングを考案した。繊細な足や嘴の部分にはボルトや針金を入れて、カービングの強度を確保する。これまで視覚障害者はバードリスニング、すなわち鳴き声を聴くことで「目に見えない鳥」を想像してきた。内山氏のタッチカービングにさわれば、鳥の大きさ、形を実感することができる。そもそも、空を飛ぶ鳥には、誰もさわることができない。それゆえタッチカービングは、バードタッチングという新た

な娯楽・学びを万人にもたらすツールということもできるだろう。

2006年にはスズメ、カラスなど、身近な鳥のカービングを収集した。カラスの全身を手のひらで確かめた来館者は、一様にその大きさに驚く。一方、指先を介して、小さなスズメにシンパシーを抱く人が多い。09年には、「日本の象徴」ともいわれるトキのカービングを購入した。トキの保護活動に関連するニュースはマスコミでもしばしば取り上げられるが、その姿を間近で見る、ましてさわる機会はほとんどない。タッチカービングを通じて、僕たちはトキの肉付き、顔や翼の細部をさわって知ることができる。「トキって、ずんぐりした鳥なんだ」。触覚に基づく意外な発見が、ウォッチングやリスニングでは得られない鳥に対する親近感を生み育てるのは確かだろう。

19年、民博のバードカービング・コレクションにダーウィンフィンチ（5体）が加わった。今を「生きている」鳥の実像のみならず、過去から現在に「生きてきた」、そして未来へと「生きていく」鳥の歴史と多様性を伝えるのがダーウィンフィンチの役割といえる。ダーウィンフィンチをも含む民博所蔵のすべてのバードカービングは、21年開催の特別展「ユニバーサル・ミュージアム」の関連企画で公開される予定である。生きている、生きてきた、生きていく鳥たち。特別展が、そんな豊かな生物の世界に触れる場になれば嬉しい。僕はタッチカービングが「ユニバーサル＝誰もが楽しめる」特別展の精神を具現するシンボルになると確信している。

バードカービング（オオガラパゴスフィンチ）日本
幅：8.5cm ×奥行き：14.5cm ×高さ：17cm

バードカービング（コガラパゴスフィンチ）日本
幅：9cm ×奥行き：14.5cm ×高さ：14cm

バードカービング（ガラパゴスフィンチ）日本
幅：9cm ×奥行き：14.5cm ×高さ：15cm

バードカービング（ハシボソガラパゴスフィンチ）日本
幅：8.5 cm ×奥行き：14.5 cm ×高さ：14.5 cm

バードカービング（マメワリ）日本
幅：8.5 cm ×奥行き：14.5 cm ×高さ：13 cm

バードカービング（シジュウカラの抱卵）日本
幅：20cm×奥行き：20cm×高さ：21cm／1.04kg

バードカービング（シジュウカラの給餌）日本
幅：13cm×奥行き：16cm×高さ：20cm／1.1kg

バードカービング（スズメ）日本
幅：9.2cm ×奥行き：14cm ×高さ：9.4cm

バードカービング（メジロ）日本
幅：8.9cm ×奥行き：15cm ×高さ：8.1cm

身近な鳥
にさわる

バードカービング（飛翔するハクセキレイ）日本
幅：20 cm ×奥行き：19 cm ×高さ：14 cm

バードカービング（ハクセキレイ）日本
幅：8.8 cm ×奥行き：17 cm ×高さ：13 cm

バードカービング（ハシボソガラス）日本
幅：19 cm ×奥行き：42 cm ×高さ：33 cm

第二部

「ユニバーサル・ミュージアム」への道

第1章　海外出張は体外出張なり

【いざアメリカへ！】

　海外出張は体外出張である。全盲の僕が一人で海外に行くと、「体の外に出る」感覚を頻繁に味わう。何が外に出るのだろうか。日本で暮らしていると、日常生活でさほど困ることはない。これは強がりではなく、40年近く「何も見えない」「何も見ない」状態で過ごしている僕の素直な実感である。国内出張も多いが、これまでの経験知、いわば身体感覚を駆使すれば、慌てる必要はない。ところが、この身体感覚が通用しないのが海外なのである。目の見える友人、家族とともに出かければ、僕の行動範囲は格段に広がる。しかし、同行者の目を頼ってしまうと、僕自身の身体感覚を鍛える機会は失われる。情報の量を重視するなら健常者との旅行、質にこだわるなら単独旅行ということになるだろうか。ここでは、2020年3月の僕の米国出張（体外旅行体験）の様子をリポートしよう。

　3月9日、僕は伊丹空港から成田経由で米国・デトロイトに向かった。出張の目的はミシガン大学、およびミシガン州立大学を訪ねて講演をし、両校の大学博物館の関係者と交流することである。空港は視覚障害者にとって使いやすい施設だといえる。航空会社のカウンターに行ってサポートを依頼すれば、職員がセキュリティチェック、搭乗ゲートへと誘導してくれる。時間に余裕があれば、お土産の買い物などを手伝ってもらうこともできる。しかも（ここが僕にとっ

て重要だが）、日本の空港の場合、かなりの確率で、誘導担当は若い女性職員である。初対面の人に関する僕の第一印象は、声（喋り方と雰囲気）で決まる。この日の案内は、優しい声の女性である。その女性の腕を持たせてもらい、僕は颯爽とゲートへ進んだ。

　今回、成田での待ち時間が 7 時間ほどあった。僕は空港職員に頼んで、ラウンジに席を確保する。ラウンジではインターネットが使えるのが便利である。「こんな所で仕事かよ」と思いつつ、僕はノートパソコンを開いてメールチェックを始める。考えてみると、パソコン（画面読み上げソフト）の普及で視覚障害者の情報処理、コミュニケーション方法は激変した。現在、僕がメールをやり取りする 9 割以上の人は健常者、点字を読み書きできない人である。「成田にて」という件名のメールをあちこちに送信しながら、僕は点字で手紙を書いていた中高時代（1980 年代前半）を懐かしく思い出す。

　12 時を過ぎ、お腹が減った。さあ、ここで最初の体外経験である。ラウンジの受付でレストランの場所を尋ねる。空港内なので、もちろんレストランはたくさんあるが、贅沢は言えない。何回か通行人に訊けば、エスカレーターを使って、遠くのレストランにたどり着くこともできるだろう。でも、また広い空港内を歩いて、ラウンジに戻ってくるのは面倒である。結局、いちばん近いフードコートをめざすことにした。

　近いといっても、僕にとってはちょっとした冒険である。ラウンジを出た僕は、ゆっくり右方向に足を運ぶ。頼りになるのは白杖、そして鼻と耳である。とくに耳は大事で、僕は耳から「手」（触角＝センサー）を伸ばして、文字どおり四方八方の音をキャッチする。50 メートルほど進むと、右前方からガチャガチャと食器の音が聞こえてくる。音に向かって、緩やかに右に曲がる。床面の感触が変

化したので、どうやらフードコートに入ったようだ。

　何を食べているのかはわからないが、お客さんはたくさんいる。だが、どこで食べ物を注文すればいいのかは謎である。僕は再び耳から「手」を伸ばし、何かを調理するフライパンの音に向かってふらふらと歩く。人、テーブルに杖が当たること数回。スパイスのにおいがするし、お金を受け取る声も聞こえる。どうやら、カウンターに到着したらしい。店員に一通りメニューを読んでもらい、僕はパッタイ（タイ風やきそば）を頼む。空港価格で少々割高だったが、冒険の後に入手した食べ物の味は格別である。「手」を伸ばしたから、うまい物を手に入れることができたと、自己満足する。

　健常者といっしょなら、もっと楽にパッタイを食べることができただろう。フードコートではなく、おしゃれなレストランに行くこともできたかもしれない。でも、僕は多少の不便があっても、一人で歩く、一人で探す、一人で食べる楽しさも大切にしたい。行き当たりばったりで、何でもおいしく食べること。これが単独で海外旅行をする視覚障害者の必須条件なのではなかろうか。

　ようやく、夕方にデトロイト行きの飛行機に搭乗する。搭乗前には、かならずトイレに行くことにしている。女性職員に入口まで連れていってもらい、僕は白杖片手にトイレに入る。無粋な話だが、耳を澄ませば小便器、個室、手洗い場の位置はだいたいわかるものである。トイレを出て、身も心も軽くなった僕は、親切な空港職員に「ありがとう、また会いましょう！」と、意味不明な別れの挨拶をする。空港職員からキャビンアテンダントへ案内はリレーされ、僕は機内の座席に着いた。

　今回は米国の会社の便なので、乗客も英語を話す人が多い。一

般に、僕のような障害者（介助を要する人）は最初に飛行機に乗り、到着地では最後に降りる。最初に搭乗できるのは気分がいい。一方、他の乗客が飛行機を出た後、最後に出口に向かうまでの待ち時間はちょっと長い。でも、飛行機に乗り降りする乗客の人間観察ができるのは、けっこう楽しいものである。

　海外の飛行機に乗ると、なんとなく日本とは異なるにおいを感じる。乗客の体臭、香水、食べ物など、いろいろ違いはあるのだろうが、とにかく「ああ、海外に行くんだ」という気持ちが少しずつ高まる。海外便は大きな手荷物を持っている人が多く、それを収納棚に出し入れする派手な音が響く。これも、僕が国際線を実感する音の一つである。僕は飛行機の窓から外を見ることはできない。しかし、エンジン音の変化、振動、機体の傾き具合で離陸の瞬間を知ることができる。着陸時には、車輪が地面に触れる衝撃の程度を体感し、パイロットの腕（技量）を推測することも可能である。

　機内では、持参した音訳図書（録音雑誌）に耳を傾ける。海外出張では、長編小説の録音データを聴くことも多い。デジタルデータはどこでもダウンロードできるし、持ち運びも簡単なのでありがたい。音訳図書を聴きながら、さっさと寝てしまうのが時差ぼけしない秘訣だろう。

　いうまでもなく、機内食は海外旅行の大きな楽しみである。「機内食、わからぬままに、フォーク刺す」。メインディッシュや飲み物は自分の希望を伝えるが、他にどんな物がトレイに並んでいるのか、よくわからない。キャビンアテンダントが丁寧に説明してくれることもあるが、早口の英語だと聞き取りにくい。「まあ、食べられない物はないさ」と、僕は適当にフォークを動かす。ここでも、何が出てくるかわからないスリルを楽しむ「闇鍋精神」が旅を盛り上げ

る。今までにそれなりの数の外国を訪ねているが、機内食を残したことがないのは僕の自慢である。

　到着地の空港でも、やはり職員がロビーまで案内してくれる。海外の空港では、職員が車椅子を持ってくることがしばしばある。おそらく、「障害者＝車椅子」というイメージが強いのだろう。30代のころ、僕は頑なに車椅子を断っていた。「僕は目が見えないだけです」「肘を持たせてもらえば、一人で歩くことができます」。でも10年ほど前、強引に車椅子に乗せられたことがある。シカゴの空港での乗り継ぎだっただろうか。

　海外の大都市の空港は広い。徒歩だと、移動にかなりの時間がかかるケースも多い。僕を車椅子に乗せた職員（若くて、大きなお兄さん）は、いきなり広い空港の通路を走り出した。「どけ、どけ、車椅子のお通りだ！」日本では危ないと言われてしまうだろうが、この疾走（暴走？）はじつに快適だった。実際に徒歩よりもはるかに速くゲート間を移動できたのだから、車椅子使用は合理的である。これ以降、僕は車椅子のお迎えがくれば、喜んで乗せてもらうことにしている。やはり楽だし、風を切る感覚も気持ちいい。

　今回のデトロイト空港では残念ながら（？）車椅子はなく、僕は空港職員とともに入国審査、到着ロビーへと向かった。僕にとって、空港職員との何気ない会話も重要である。移動距離が長いので、黙っていてはお互い気詰まりとなる。天気の話、地元のプロ野球チームの動向など、軽い会話で自分の脳を英語モードに切り替えていく。

　米国では、障害者・高齢者のサポートを担当する空港職員は移民の方が多い。僕のブロークン英語と空港職員のブロークン英語は、同じ片言でも、発音がずいぶん違う。簡単な単語が通じないことが度々ある。日本にいる時以上に僕は相手の言葉に注目（注耳？）し、

自分も身振り手振りを多用してコミュニケーションを図る。海外に足を踏み入れ、最初に接するのは空港の案内スタッフである。彼らとの対話が本格的な体外出張のウオーミングアップとなる。さあ、全身の触角が働き始めたぞ！

　到着ロビーでは、ミシガン大学に勤務する友人（米国人の日本美術史研究者）が僕を出迎えてくれる。ホテルに向かう車の中では、日本語で会話する（我が脳みそはすぐに日本語モードに逆戻り）。彼の流暢な日本語を聞いていると、どこに来たのかを忘れてしまう。友人と晩飯を食べ、明日の約束をして、ホテルのロビーで別れた。

　フロントで頼めば、宿泊する部屋までスタッフに案内してもらえる。国内のホテルでも同じだが、部屋に入って、僕がスタッフに確かめるのは以下の三つである。①エアコンのスイッチの位置、②Wi-Fiの設定方法、③シャンプー・リンス・ボディソープの区別。この三つさえ確認できれば、他に困ることはない。ホテルの部屋にある物は、国内でも海外でも大差ないので、長年の経験知でなんとか（何とでも）なる。極端な話、部屋の電気が点いていても消えていても、僕には関係ない。③は少し意外かもしれないが、三つのボトルが同じ形、大きさということが多いので、手触りでは判別が難しい。下手をすると、シャンプーで顔を洗うことになる（まあ、そうなっても、面の皮は厚いので、たいした問題ではないが）。

　机や洗面台の位置は、日本よりも明らかに高い。部屋の広さもアメリカンサイズなので、どうも落ち着かない。クローゼット、ソファ、冷蔵庫などの場所を予想しつつ、自分のペースで室内を探検する。「手」を伸ばし、一人で動き回ることによって、部屋の配置が身体に記憶される。まさに、「習うより慣れよ」である。長い一

日が終わり、僕は大きなベッドの隅で熟睡した。

【米国で感じる「濃厚接触」の意義】

　時差ぼけもなく、爽やかな朝を迎えた僕は、エレベーターで1階に下りてレストランへ向かう。ホテルの構内レイアウトが四角形で、縦と横の移動だけでフロントやレストランに行ければ、視覚障害者にはありがたい。だが、ホテルや百貨店などの大型建築物では、斜線・曲線によるデザインが多用されている。これは視覚障害者の歩行、空間把握にとって、なかなか難しい。昨晩、フロントでレストランの位置は確認していたが、エレベーターを出た僕の左前方から食器の音が聞こえてくる。「おかしいなあ、僕の頭の中の地図では左後方にレストランがあるはずなのに……」。論より証拠というわけではないが、僕は左前方の音に向かって一歩踏み出す。

　この時の状況は、大げさに言うと、大海に漕ぎ出す小船のようなものである。僕の目の前に、何があるのかはわからない。とりあえず一歩踏み出すことによって、僕の前に道ができる。道はなく、壁や柱に衝突することもある。「未知を切り開く道」を自分の足で歩むのが視覚障害者なのではないか。朝からわけのわからないことを考えて、一人で苦笑する。

　ホテル滞在中、僕はフロントやレストランに向かう通路で何度か迷いながら、自分の頭の中の地図を修正・完成していく。ホテル内を簡単かつ自由に移動できる健常者は、視覚障害者の単独歩行とは「苦労」の連続なのだと思うだろう。しかし、「苦労」して自分オリジナルの地図を創る作業は、意外におもしろいものである。同じホテルに連泊すると、僕の頭の中の地図は徐々に情報量が増えて、完璧なものになる。僕は文字どおり「目を瞑っていても」ホテル内を

闊歩できるようになるのである。もっとも、この地図は耳印・鼻印・足印などが書き込まれた少し変わった地図なのだが。

　僕は角幡唯介氏の探検ノンフィクションを愛読している。角幡氏の極地・秘境探検に比べるのは失礼かもしれないが、視覚障害者は日常生活そのものが探検ともいえる。「海外のホテルで、エレベーターから 15 メートルほど先のレストランに行くだけでは、角幡氏のような壮大なノンフィクションは書けないよな」と自嘲しつつ、僕はレストランのカウンターで朝食を注文する。

　明るく、はきはきした声の女性が対応してくれる。メニューを読み上げてもらうが、早口なのでよくわからない。カウンターに置かれた食べ物、メニューの文字を指差しできないのがもどかしい。あの手がダメなら、この手がある。僕は、自分が食べたい物を声に出す。「ベーコン、ソーセージ、スクランブルエッグ、トースト、オレンジジュース……」（おいおい、まだ食べるのか）。店員の愛想のいい口調に誘われて、少々注文しすぎてしまう。

　米国を訪ねると、カリカリのベーコン、大きなハンバーガーを食べるのが僕の楽しみである。30 代前半に 1 年間、在外研究でプリンストン大学に滞在した時は、バーガーキングと中華料理店に毎日のように通っていた。さすがに 50 歳を過ぎた今は、連日ハンバーガーを食べる元気はなくなった。とはいえ、今回の出張でも各地でアメリカンサイズのバーガーを堪能した（だから太るんだよな）。

　食べ物の話はこれくらいにして、本日のメインイベントは美術史・博物館学関係の教員・学生に対する講演である。朝食後、部屋に戻った僕は、点字で作ったレクチャー用の原稿を読み上げる練習をする。これまでに、海外で英語の講演をする機会は何度もあったが、やは

り日本語とは勝手が違うので緊張を強いられる。

　現在、僕は平均すると年間で50回くらいの講演を引き受けている。福祉関係、大学・博物館関係からの依頼が多い。日本語での講演には慣れているので、箇条書きのメモを作るだけで本番に臨むことができる。よく言えば臨機応変、悪く言えば口から出任せで、講演を進める。パワーポイント（見せる要素）には頼らず、「聴かせる講演」をめざしている。さわれる民族資料（小物）を回覧することもある。

　どんなに大人数の聴衆がいても、国内での講演で緊張することはまずない。でも、アメリカでは臨機応変、口から出任せというのは不可能である。僕の英語力では、事前に英文ペーパーを作り、ひたすらそれを読み上げるしかない。発音が少々悪くても、英語のセンテンスさえしっかりしていれば通じる（わかってもらえる）はずである。今回も聴衆の寛容な心に期待しつつ、出張の1か月前から読み上げ原稿の作成に着手した。

　英文原稿を読み上げる際、僕は点字のありがたさを実感する。点字を触読する時は、指先（主に左手の人差し指）を用いる。つまり、点字の原稿を読み上げる僕は、正面を向いて聴衆に語りかけることができる。文字を読むために、顔を下に向ける必要はないのである。正面を向いて喋る僕は、堂々としているように見える（内心は不安だらけなのだが）。英語の点字に習熟すると、かなり速いスピードで原稿を音読できる。発音が悪いのはどうしようもないが、僕の講演を聴く方々は、「この人、けっこう英語が喋れるんだ」と思うようだ。結果的に、講演後の質疑応答で僕は四苦八苦、大汗をかくことになる。

　午前中にミシガン大学の図書館スタッフとの懇談会に参加した後、僕は午後の講演会の会場である教室に向かった。図書館の日本人司書が昼食、会場までの移動に付き合ってくださったので、僕は余計

な心配をすることもなく、講演準備に集中できた。本日の講演タイトルは「Toward a "Universal Museum": a Conversation with Dr. Kojiro Hirose」で、学内にポスターも貼られている（このタイトルで、ほんとうに人が集まるのかしら）。英語の「universal」はさまざまな場面で用いられており、「universal museum」にも多様な解釈があると聞く。講演の狙いは、日本の「ユニバーサル・ミュージアム」（誰

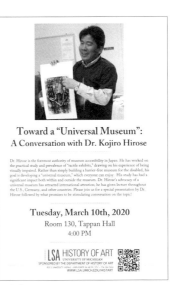

写真①

もが楽しめる博物館）の現状と課題について報告し、僕が取り組んできた「さわる展示」の意義を述べることである。【写真①】

　講演会でも、僕の「手」は活躍する。「この教室はどれくらいの広さなのか」「何人くらいいるかな」。点字の原稿を置く場所、高さを調節しながら、僕は耳を澄ます。人々の声、咳払い、椅子を動かす音などで、だいたい会場内に何人くらいいるのかを推測できる。日本語の講演ではおやじギャグを連発し、聴衆の笑いを誘う（ギャグが受けない時は悲惨だが）。聴衆の反応を知るという意味で、彼らの表情が見えない僕にとって、笑いは重要である。英語で笑いを取るのは難しいが、まずはわかりやすい内容になることを心掛けている。

　僕が講演する際、いつも口から「手」が出るようなイメージを持って話を進める。自分の思い、メッセージを聴衆に届ける、手渡す

る意識である。日本語の場合は「次はどんなギャグを繰り出すか」という邪念が入るが、英語ではそんな余裕はない。「話し手」「語り手」として、「聴き手」に真摯に向き合うのみである。講演とは、僕と聴衆の「手合わせ」の場だといえるだろう。

　予想どおり質疑応答では苦戦したが、先述の友人の手助けもあり、どうにか乗り越えることができた。一般に、相手の顔が見えないことは、円滑な対話を阻むハードルとなる。だが逆に、相手の顔を見ないことは、講演ではプラスに働くケースも多い。英語で質問しているのが大学教員（らしい）とわかったら、おそらくそれだけで僕は硬くなってしまうだろう。しかし幸か不幸か、僕には相手の外見を視覚的に確認することができない。

　また、相手が日本人なら、声を聞けば年齢を想像できる（外れることも少なくないが）。一方、声だけで外国人の年齢を推定するとなると、難易度が上がる。日本語では相手の地位・年齢によって、無意識のうちに言葉遣いを変えることがあるが、英語には敬語がない。僕は相手の年齢・外見を気にすることなく、質問を聴き取るため、耳から「手」を伸ばす。講演者と参加者との対等な意見交換（conversation）は、「手合わせ」のクライマックスである。しどろもどろになりながら、僕は質問者の見えない顔、いや見えない心に向かって、稚拙な英語で懸命に応答した。

　社交辞令もあったのだろうが、今回の講演は好評で、僕も手応えを感じている。コロナ禍で米国も騒然となり始めた時期で、翌日からミシガン大学は閉鎖されることになった。そんな中、無名の日本人研究者の講演会に参加してくださった30名ほどの教員・学生に感謝したい。講演会終了後、大学博物館の学芸員と夕食（ちょっと怪しい韓国風焼肉）を楽しんだ。聴衆と語り合う講演会を通じて、

あらためて僕は「濃厚接触」の意義を再確認した。

　そういえば、日本美術史の教員である友人と親しくなったのは、プリンストンでの在外研究時代に、いっしょに合気道の道場に通っていたのがきっかけだった。合気道の稽古も「濃厚接触」の連続である。空港での案内、ホテルのレストランでの会話など、僕の人生は「濃厚接触」に支えられてきたともいえる。これからも「濃厚接触」の大切さを伝える講演をしていきたいと思う。さあ、米国出張の第一の山は無事に越えることができた。僕はホテルの部屋でゆっくりと合気道の整理体操をして、全身の「手」の緊張をほぐした。

【目に見えないクレジット】

　米国滞在4日目、ミシガン大学からミシガン州立大学へバスで向かった。所要時間は2時間弱。同じ州内の移動だが、小旅行気分である。米国でバスを利用する際、運転手とのコミュニケーションが不可欠となる。日本のように充実した車内アナウンスはないので、自分がどこまで行くのか、どの停留所で降りたいのかをきちんと伝える。目的地が近づいたら、運転手が声で知らせてくれる（ことになっている）。

　でも時々、（悪気はなく）運転手が僕のことを忘れてしまう。「あのー……、僕の降りる停留所はまだですか」「ごめん、もう通り過ぎちゃったよ」。過ぎちゃったと言われても困る。といって、逆戻りしてもらうわけにもいかない。こんな時は日本語で運転手の悪口を言って、しぶしぶバスを降りることになる（ちなみに、悪口は「バカ」だと伝わる恐れがあるので、関西弁の「ボケ」「アホ」がいいだろう）。過去に何度かバスで苦い経験をしたが、ミシガン州立大の停留所は終点なので安心である。

　海外出張すると、クレジットカードを使う機会が増える。米国は日本よりもキャッシュレス化が進んでいるし、両替の手間を考えると、クレジットカードが便利である。今回のような中・長距離バスの料金も、クレジットカードで支払う。僕が言うのもおかしいが、画面表示、レシートの文字が見えない視覚障害者を騙すのは簡単だろう。たとえば、バスの実際の料金は 20 ドルなのに、30 ドルでクレジット決済する。あるいは、レストランで勝手にチップの金額を上乗せするなど。だが幸い、僕はクレジットカード使用で損したこと、騙されたことは（たぶん）ない。

　いうまでもなく、クレジットの原義は信用・信頼である。クレジットカードの背後には、人間に対する信用・信頼があることに、今更ながら感心させられる。そんな僕の思いを知ってか知らずか、バスの運転手は僕を最前部の座席に案内する（ここなら、忘れられる心配はなさそう）。

　僕がミシガン州立大に到着した日、すでに授業はすべて休講になっていた。大学博物館のスタッフも迷ったようだが、僕の講演会は予定どおり夕方に実施された。残念ながら学生の出席が少なく、ややさびしい講演会になってしまったが、その分、アットホームな雰囲気で参加者と交流することができた。学外のミュージアム、関係団体からの参加者も複数いた。とくに、ミシガン州の視覚障害者リハビリ施設（the Bureau of Services for Blind Persons Training Center）から 3 名の職員がわざわざ来てくれたのは嬉しかった。

　講演の翌日は、学部生の日本史の授業に出席し、僕の研究について話をすることになっていたが、大学閉鎖によりキャンセルされた。講演会終了後、視覚障害者施設の方との雑談の中で、翌日がフ

リーになったことを告げると、ありがたいお誘いをいただいた。「そ
れならば、リハビリ施設の見学に来ればいい」「私たちの施設には、
全盲の日本人スタッフもいる」。僕は、米国の福祉施設で日本人が
働いていることに興味を抱いた。すぐに話がまとまり、リハビリ施
設の元入所生の中途失明者と、その娘さんが車を出してくれること
になった。この母娘とは初対面だったが、優しそうな声を聞いて、
僕は同行をお願いすることにした。

　僕の同僚には世界各地の少数民族、先住民の調査に取り組む研究
者が多数いる。「視覚障害者は少数民族に似ているのではないか」
というのが僕の持論である。マイノリティ（少数派）という面で、
視覚障害者とアイヌ、ネイティブアメリカンなどには共通する部分
が多い。各国の視覚障害者は、言語や生活習慣がまったく違う。し
かし、どこの国・地域にも視覚障害者が確実に存在する。海外出張
すると、僕は可能な範囲で現地の視覚障害者施設を訪問し、当事者
団体の会合などに顔を出すことにしている。言葉は十分通じなくて
も、同じ視覚障害者ということで、なんとなくシンパシーを感じる。
「そうか、あなたたちも頑張っているんだよな」。この感覚は、僕た
ちが海外で日本人に出会う時の安心感に近いのかもしれない。

　また福祉制度、教育システム、支援機器の性能など、各国の視覚
障害者事情を実地調査すれば、その国の社会・文化のあり様を知る
こともできる。視覚障害者間には国境を超えるクレジット（信用・信頼）
があると、僕は信じている。過去に海外で知り合った視覚障害者た
ちのことを思い出しながら、僕はホテルのロビーで迎えの車を待った。
「今日はどんな人に会えるのだろう」。目の見えない人々の、目に見
えないクレジットには感謝したい。蛇足だが、当日の昼食（中東料
理）、夕食（アメリカンスタイルの寿司とラーメン）はリハビリ施設の方々

のおごりだったので、僕のクレジットカードの出番はなかった。

　リハビリ施設のある田舎町まで、車で2時間ほどかかる。バスや車が高速で長時間走っても、まだミシガン州内なのだから、やはりアメリカは広い。窓の外の景色を見ることができぬ視覚障害者にとって、車での長距離移動はさほどエキサイティングなものではない。そんな視覚障害者との付き合いに慣れているのか、車を運転する娘さんが、通り過ぎる町の特徴について簡単な説明をしてくれる。道路の舗装が凸凹なのか、スムーズなのかの違いで、その市・町の財政状況がわかるのはおもしろかった。どうやら車窓からは森や小川などの大自然、鹿やリスといった野生動物が見えるらしい。

　同乗する視覚障害女性との会話は大いに盛り上がる。「リハビリ施設ではどのような生活訓練をするのですか」「どんな仕事をしている（いた）のですか」。先方からも日本の視覚障害者の現状に関して、さまざまな質問が投げかけられる。視覚障害を切り口として、ちょっとした異文化間コミュニケーションが広がっていく。

　その女性は40代後半で失明し、リハビリ施設では点字・コンピューター・白杖歩行・調理などのトレーニングを受けた。訓練修了後は、ある保険会社でテレフォンオペレーター（苦情・相談受付）をしていたそうだ。60歳を過ぎた現在は退職し、夫と娘との3人暮らしを楽しんでいる（やはり、声だけでは米国人の年齢はわからないものである）。移動中の車内でもスマホを駆使して、週末の会合の開催可否について、友人と連絡を取り合っていた。

　日本でも、テレフォンオペレーターを仕事とする視覚障害者は多い。何といっても、聴覚と触覚で操作できる電話は、視覚障害者の大きな武器となる。ちなみに、僕はまだガラケーユーザーで、スマホを使いこなすことができない。タッチパネルのツルツルの画面は、

じつはいちばん「タッチ」が必要な視覚障害者には使いにくい。なんとも皮肉な話である。とはいえ、僕の周囲でも、目の見えないスマホ愛用者が徐々に増えている。「このガラケーが壊れたら、いよいよ次はスマホなのかな」。海外でもメールと通話で何回も僕を助けてくれた携帯電話。僕はちょっと古くなった我がケータイに優しく触れる。

　リハビリ施設には昼前に到着した。まずは、館内のカフェで一休み。なんと、このカフェの名前は「out of sight」。「視野を外れる、視界の外」という意味だろうか。「私たちは視野・視界がなくても、堂々と生きていく」「視野・視界に頼らない人生があってもいい」。こんなメッセージがカフェの名称に込められているのではないかと僕は感じる。

　「視覚を使えない」苦労をどうすれば解消できるのか、「視覚を使わない」工夫をどれだけ習得できるのか。いわば、「使えない」を「使わない」に転換する生活の知恵を身につけるのがリハビリの眼目である。そこには、なくなったものを補う発想のみならず、見ること、見えること、見られることから解放されるという「out of sight」の積極的な意義もあるのではなかろうか。

　昼食の時間が近づき、「out of sight」カフェには白杖を持つ視覚障害者たちが集まり始める。杖の先（石突）が床を叩く音が心地よい。「この音はどこへ行っても同じだ」。米国の視覚障害者団体は、「walking alone, marching together」というスローガンを掲げている。カフェで「out of sight」の仲間たちに囲まれて、なんだか少しほっとする。入所間もない訓練生なのか、「walking alone」が危なっかしくて、カフェ内をうろうろ、ふらふらする人もいる（ああ、こん

などんくさい人と「marching together」するのはちょっとたいへんかも）。

【アメリカンドリームの今昔】

　さあ、いよいよ日本人インストラクターのＴさんとの対面である。Ｔさんは還暦を過ぎているが、若々しい声で僕を歓迎してくれる。リハビリ施設ではコンピューターのクラスで、音声ソフトを用いるパソコンの使用方法などを指導している。入所者からすると、同じ立場のインストラクターはいい目標、ロールモデルになるだろう。Ｔさんは米国生活が40年を超え、アメリカ人女性と結婚し、お子さんも二人おられる。英語の発音、立ち居振る舞いはまるでアメリカ人である。

　僕に対しても、周囲に人がいる時は、基本的に英語で話しかける。ただ、こちらの貧弱な英語力がすぐにわかったのか、日本語で適宜「注」を入れてくださる。ついつい僕も甘えて、日本語でいろいろな質問をする。話をする中で、Ｔさんが僕と同じ東京の盲学校の卒業生であることがわかった。僕よりも10歳ほど年上なので、同時期に在籍したわけではないが、何人か共通の知り合いがいて驚いた。月並みな表現だが、世界は広いようで狭い。母校の先輩が、異国で「先生」をしていることが素直に嬉しい。アメリカンドリームを実現し、職業人として逞しく生きるＴさんの開拓者精神に感服した。

　Ｔさんが東京の盲学校（高等部）に在学していたのは1970年代である。当時は「目の見えない人＝按摩・鍼・灸（三療）」という固定観念が根強く、大学進学する視覚障害者は少数だった。点字受験を認めない大学も多く、視覚障害学生への「門戸開放」を求め、盲学校の教員たちが交渉に当たっていた。触覚を活用する三療が視覚障害者の適職であるのは間違いない。問題なのは、職業的選択肢が

それしかないという実情である。Ｔさんたちは三療以外の新職業の道に進むことを夢見て、盲学校を飛び出していった。

　Ｔさんの卒業からほぼ 10 年後、僕は盲学校で中高の 6 年間を過ごした。そのころは点字受験できる大学も増え、「門戸開放」という語はほとんど聞かれなくなっていた。大学進学者の課題は、入学後の学習環境の整備に移ったのである。「どうやって大学に入るのか」から、「どうやって大学で学ぶのか」への進化は、日本社会の成熟を示しているともいえるだろう。高校時代、僕のクラスメートは 20 名で、入学直後はほぼ全員が大学進学を希望していた。しかし、高 3 になり、具体的に「将来」を考え始めると、約半数の生徒が三療の道を選んだ。「大学に進学しても、卒業後の就職は厳しい」「好きなことをやって食べていけるほど、世の中は甘くない」。これは盲学校関係者の共通認識だった。

　障害者の人権が軽視されていたＴさんの時代は、より深刻な状況だっただろう。「決められた職業（三療）に就くのはいやだ」「苦労・失敗してもいいから、自分の意思で進路を決定したい」。80 年代以降、社会の「障害」に対する意識が少しずつ変わってきた背景には、Ｔさんをはじめ、たくさんの先輩方の努力があったことを忘れてはなるまい。

　英語が得意なＴさんは、高校在学中から英会話教室に通い、実力を磨いた。国連の同時通訳者になるのが夢だったという。そんな明確な目標もあったので、高校卒業後、日本の大学には進学せず、米国に留学した。今回、Ｔさんとじっくり話をしたのは半日のみだったので、彼の米国での歩み、就職に至るプロセスについては十分うかがうことができなかった。日本人だという理由で、人種的な差別を経験することもあったようだ。

　同時通訳者にはなれなかったが、30歳を過ぎたころ、Tさんは当事者性を活かして、視覚障害関連のカウンセリングを担当する職を得る。ミシガン州の社会福祉局に勤務し、各種相談業務に従事する。中途失明した本人、家族を訪ねる日々は充実していた。古今東西、視覚障害者は人の話を聴く、人に話をすることに長けている。カウンセラーは「目に見えない」心を相手にするので、視覚障害者の適職ともいえるだろう。

　Tさんは仕事でパソコンを使う機会も多く、情報処理の知識と技術を実践的に学んでいった。やがて彼はコンピューターの専門家として、ミシガン州内のリハビリ施設の指導員となる。日進月歩するICTの動向を踏まえ、より便利に、より快適に機器操作ができる環境を整えるのは容易なことではない。常に自身のスキルアップも求められる指導員として、Tさんは自己の仕事にやりがいを感じておられるようだ。

　1970年代、「三療しかない」日本の現実に閉塞感を抱き、アメリカ留学をめざす視覚障害者が、Tさん以外にも複数いた。「米国には全盲の弁護士、大学教授がたくさんいる。医者にだってなれる」。こういった断片的な新聞・雑誌記事に接し、「やはりアメリカは日本よりも進んでいる」と、大国にあこがれる若者は少なくなかった。日本では大学に入るのも儘ならないのだから、自分の可能性を信じて米国に渡ろう。先が見えないのは同じなら、現在への絶望（不満）ではなく、未来への渇望（不安）を選ぶ。これは盲青年らしい選択といえるだろう。

　僕が最初に米国の大学に留学したのは1995〜96年である。研究者の道を模索していた20代後半の僕は、「日本よりも進んだアメリカ」

を実体験したいという思いが強かった。米国は「機会均等」「能力主義」を理念とする国家だといわれる。たしかに、現代社会において「能力」があると見なされる人には、進学・就職のチャンスが与えられる。「障害」があっても、過酷な生存競争に勝ち抜けば、自らの手で夢を実現することができる。弁護士・大学教員・医師をはじめ、社会の第一線で活躍する視覚障害者の事例は多い。米国は障害者にとって自由・平等であるのは間違いない。

　肌の色・宗教・言語など、多様なバックグラウンドを持つ人々が集まる米国では、「人間はそれぞれ違うのが当たり前」という価値観が社会に浸透している。この「違い」の中に、ごく自然に障害者も含まれている印象を受ける。僕も何回か米国に暮らしてみて、「障害を気にせずに生きていけるのは、日本よりもアメリカの方かな」と実感させられた。

　では、アメリカの障害者は幸福なのかと問われると、僕は答えを躊躇する。「こんな人がいる」「あんな仕事もできる」と、アクティブな障害者のニュースを見聞きすると、やはりアメリカはすごいと感じる方が多いだろう（20代の僕もそうだった）。ところが、実際にアメリカで生活し、ちょっと深くコミュニティに入り込んでみると、現実の厳しさを思い知らされる。米国の障害者の就業率は、日本よりもはるかに低い。マスコミ等で取り上げられるのは一部のエリートのみで、大多数の障害者は職を得ることすらできず、困窮している。これが能力主義社会の現況なのである。

　安定した職、家族に恵まれたTさんは（ご自身にとっては不本意な部分もあるかもしれないが）、アメリカンドリームを掴んだ成功者だといえる。もちろん、アメリカに渡った日本の視覚障害者が、すべて成功したわけではない。Tさんと同世代の全盲者の体験談を聞

いたことがある。その方は米国の大学院修士課程修了後、就職先が
なく、金銭的にも行き詰まった。背に腹はかえられず、数年間、路
上で物貰いをしていたという（物貰いでもなんとか生活できるのだか
ら、アメリカ社会は奥深いともいえる）。ハードな自由競争に耐えられ
ず、留学を途中で切り上げて、「遅れている」日本に戻るというケー
スも少なくない。日米のどちらが進んでいるのかは、単純に判断で
きない（してはいけない）というのが僕の感想である。

　国際的にみても、日本の視覚障害者の就業率は高い。いうまでも
なく、それは三療の伝統が維持されているからである。江戸時代以来、
按摩・鍼・灸の生業は、視覚障害者の手から手へと受け継がれてき
た。昨今は東洋医学ブームもあり、健常者が三療業に進出している。
盲学校の専攻科（三療の専門課程）で「手に職をつければ」食べて
いけるという時代ではなくなった。Ｔさんが盲学校で学んだころの
「按摩にでもなるか」「按摩にしかなれない」という状況は、いい意
味でも悪い意味でも変化した。今後は三療の世界でも、視覚障害者
が自らの「手」で職を勝ち取っていかなければならないだろう。

　Ｔさんたちとの夕食の際、視覚障害者の就労問題の話が出た。ア
メリカでも全盲者が就職するのはきわめて難しい。リハビリ施設で
は、訓練修了後の進路の確保が大きな課題となっている。僕は「日
本では視覚障害者が伝統的に三療業に携わっており、そのおかげで
今でも職業的に自立している人が多い」と発言した。すると、すか
さずＴさんが「私は「視覚障害者＝三療」という固定観念に抵抗して、
米国に来たんだ」と応じる。「有無を言わさず、みんな三療をしな
さいだなんて、共産主義みたいだね」とＴさんの同僚が苦笑する。

　就職・就労は視覚障害者にとって永遠のテーマである。僕は共産
主義という語に多少の反発を感じたが、米国人を納得させるような

解決策を提示することができなかった。三療以外の職業的選択肢が増えるのはすばらしいことで、僕自身もその恩恵に浴しているのは疑いない。それでは、三療に代わる視覚障害者の適職はあるのだろうか。いや、そもそも米国風に考えるなら、適職という発想がナンセンスなのかもしれない。伝統と革新の葛藤は、各地の先住民社会にも広く見られる現象である。引き続き「目に見えない」クレジットを利用して、世界の視覚障害者事情の人類学的な調査を深めていきたい。

　Tさんたちとの夕食会場は、中国系アメリカ人が経営する日本食レストランだった。アメリカでは「○○ロール」という創作寿司が流行しており、ミシガンの田舎町にも「ジャパニーズ」の看板を掲げる店がある。30代の僕は「アメリカのスシは寿司じゃない！」と憤慨していたが、最近はバラエティに富むスシの味をけっこう楽しんでいる。「スシは多文化共生を標榜するアメリカのシンボルかな」。もしかしたら、寿司をスシに変えていく柔軟さ、遊び心に、深刻な障害者の職業問題を改善する突破口があるのではなかろうか。

　日本人は「寿司とはこうあるべきだ」という理想、自信を持っている。一方、アメリカ人は「日本の伝統は認めるけど、こんなスシがあってもおもしろいでしょう」と、新たな選択肢を示す。ここで、寿司を食べる日本人が「健常者」だとすれば、試行錯誤してユニークなスシを提案するアメリカ人は「障害者」に置き換えられるだろう。はてさて、研究者である僕はどんなスシを創って、健常者の食欲をそそることができるのか。帰りの車の中、少し疲れた頭で僕は考え続けた。（それにしても、今日のスシは悪くなかったが、あの生ぬるいラーメンは日本人として許せないぞ！）

【体外出張を終えて】

　僕が訪ねたミシガン州のリハビリ施設のカフェの壁には、世界地図のレリーフが飾られている。「out of sight」の面々は、手探りで空想の世界旅行を楽しむ。ここでいう手探りとは、視覚から触覚への転換を通して、新しい世界観を獲得するという意味である。誰のアイディアなのかはわからないが、「out of sight」の装飾品として、さわる世界地図はきわめて有益だろう。

　僕はこの地図に何気なく触れて驚いた。いつもの癖で日本の位置を指先で探すが、なかなか発見できない。そのうち、僕は気づいた。「この地図はヨーロッパが中央に配置されている！」アメリカ大陸は地図の左側にある。そして、日本は地図の右端に小さく盛り上げられている。「日本＝極東」という西洋人の認識が、実感を持って僕の指先から伝わってくる。

　この極東の小国からＴさんはアメリカにやってきた。インターネットもケータイもない時代、一人の盲青年の旅は、物理的にも精神的にも長距離、長時間の挑戦だっただろう。1995年の最初のアメリカ留学以来、自分の夢を確認するために、僕は度々米国を訪れている。僕にはアメリカンドリームを叶えるだけの知力・体力・忍耐力はない。でも、体外出張で自分の「手」をしっかり鍛えて、日本で手作りの夢を実現することにしよう。

　帰りの飛行機は昼過ぎにデトロイト空港を出て、翌日の昼過ぎに成田に到着した。10時間以上も飛行機に乗っていたのに、ほぼ同じ時間というのは不思議である。視覚障害者には明暗の区別がない。それは、昼（明るい）と夜（暗い）の境がないともいえる。いつも国際線に乗って、「世界」を手探りしているようなものである。明・暗を明確に、あるいは暗黙のうちに区別するのは、文明人（健常者）

の思考様式だろう。今回の出張で、近代的な人間観、「障害／健常」
という二項対立を乗り越えるヒントが得られたような気がする。次
章では、距離的にも時間的にも T さんに比べるべくもないが、僕の
明るくて暗い、暗くて明るい「旅」について書いてみたいと思う。

〔コラム 2〕ボイス・コンタクト —— 感じて動く読書法

　「おーい、広瀬さん」。視覚障害者が集まる宴会はうるさい。混み合う宴席での移動はたいへんなので、自分の話したい人の近くに行くのが難しい。そこで、遠くにいる人に向かって、大きな声で話しかける。「えっ、何!?」お酒が入ると、宴席の各所で声を飛ぶ道具として、ボイス・コンタクトの遠隔会話が展開する。「今日もうるさい飲み会になったぞ」。全盲の僕は周囲の騒音に負けず、大きな声で店員を呼んで、飲み物のお代わりを注文する。

　「声は言葉の乗り物である」といわれる。日常生活において、視覚情報を得ることができない全盲者にとって、声は重要である。声の質、喋り方で初対面の人の印象は決まる。僕は何度となく一目ぼれならぬ、一耳ぼれを体験してきた。自分に一耳ぼれする人がいないかなと願いつつ、失明後は明るい声で話すことを心掛けている。一般に、障害者などの少数派が社会に対し、声をあげることは大事である。僕も自分には何ができて、どんな支援が必要なのかをきちんと言葉で伝える大切さを実感してきた。また、僕の研究では各地を訪ね歩き、さまざまな人の声に耳を傾けるフィールドワークを重視している。文字に書き残されない人々の記憶を声から探り当てるのが、僕の研究の醍醐味といえよう。

　2020 年 4 月からコロナ禍による在宅勤務が続き、調査は自粛を強いられ、友人との宴会もできなくなった。この我慢の日々の中で、声の意義を再確認したのは大きな成果だった。在宅勤務では自分のペースで時間を使うことができるので、たくさんの本を読んだ。研究に関連する最新の文献、気になりながらなかなか手に取れなかった長編小説など、久しぶりに幅広い読書を満喫した。

　僕が本を読む際、音訳図書を利用する。点字の本を触読することもあるが、近年は簡単に入手できる音訳図書に頼るケースが多い。「サピエ」という視覚障害者向けのインターネット図書館があり、そこに登録すれば、いつでも自由に書籍の録音データをダウンロードできる。サピエには、全国の音訳ボランティアが製作した7万タイトル以上の録音図書が所蔵されている。学術的な専門書は少ないが、著者名、キーワードで検索するだけで、多種多様な本に出合えるのはありがたい。

　サピエが開発される以前、僕は最寄りの点字図書館に電話し、読みたい本をリクエストしていた。録音図書のカセットテープ、CDは郵送で自宅に届く。僕は、図書を借りる際の電話によるコミュニケーションが好きだった。「明るい声の女性職員が電話対応してくれたら、今日は幸運な一日になるぞ」。でも、ポルノ小説などを内緒で読みたい場合、電話で堂々と貸し出しを頼むのは恥ずかしい。中学生のころ、ジャンケンで負けた同級生に電話させて、男子生徒数名で点字のポルノ雑誌を回し読みしたのは懐かしい思い出である。サピエでは、自分の好きな本を好きなだけ読める。ポルノ小説をはじめ、趣味・娯楽系の蔵書が増えていることに、時代の進歩を感じる。

　僕が初めて音訳図書を読んだ（聴いた）のは、小学5年生の時である。視力が低下し、文字が見えなくなった僕は、耳による読書の可能性を知り感動した。音声に集中する読書に慣れるにはある程度の時間が必要だが、音訳者の声は僕の耳から身体へと染み込んでいった。あれから40年。僕は何百人、何千人もの声で読書を続けてきた。声によって生かされ、生きてきたともいえる。

　感動とは「感じて動く」と書く。目による読書よりも、耳による読書は感動が大きいのではないかと、僕は考えている。耳から声が体内に入り込むと、いつの間にか僕は本のストーリーの中に没入する。小説では登場人物に同化し、主人公とともに感じて動く。耳による読書とは、著者・読者の心の中の声が、音訳者の声でつながれるボイス・

コンタクトということができる。斎藤孝氏の『声に出して読みたい日本語』シリーズの影響で、朗読・暗誦の教育的効果は人口に膾炙した。斎藤氏に倣って、僕は「声に出して聴きたい」読書法を推奨する。書籍そのものの内容に加え、音訳者の声が身体に記憶される。そんな体感読書、文字に依拠せぬ感動を視覚障害者のみが占有するのは、なんとももったいない。

　夏本番、そろそろ友人との宴会も解禁だろうか。冷たい飲み物の注文もいいが、声を大にして音訳図書の存在、ボイス・コンタクトの魅力を社会に発信したい。

第2章 「生き方＝行き方」の探究

【「できること」と「できないこと」】

　なぜ僕は一人で旅をするのか。全盲の僕が一人で街を歩けば、当然さまざまな不自由・不便に遭遇する。電信柱にぶつかる、溝に落ちる、放置自転車をひっくり返すなど、痛い思いをすることも多い。でも、そういったマイナスを上回る楽しさ、喜びがあるから、僕は単独歩行にこだわっている。

　僕が最初に本格的な一人旅を経験したのは、大学３年生の夏休みである。山形県の羽黒山・荒澤寺で行われている山伏修行（秋の峰入り）に参加した。この修行では、全国各地から多様な人々が集まり、九日間、山中の寺にこもって荒行に挑戦する。初対面の方々に囲まれて、まったく知らない場所で共同生活することへの不安は大きい。しかし、「それも含めて修行だ！」という僕なりの決意もあった。無謀な全盲青年を受け入れてくれた寺院の広い心に感謝したい。

　大げさに言うと、当時の僕は人生に迷っていた。僕は中高の６年間を東京の盲学校で過ごした。当たり前のことだが、盲学校にいれば、目が見えぬ不自由・不便を味わうケースは少ない。点字の教科書は保障されており、大半の授業は聴覚・触覚による情報伝達で完結していた。体育や美術の授業では、「視覚を使わない」生活術を実践的に身につけることができた。

　そして、大学受験である。僕はボランティアが点訳してくれた参考書、問題集を使って受験勉強に取り組んだ。準備不足、認識不足、

実力不足のため一浪はしたものの、1987年、僕は第一志望の大学に合格することができた。点字を使って勉強する自分が、健常者と同じ試験を受けて大学に進む。大学では健常者と同じ授業に出席し、キャンパスライフを楽しむ。これこそが僕にとっての「完全参加と平等」の実現だった。

　大学合格の達成感は、僕に大きな自信を与えた。新しい環境に慣れるまで、多少の苦労はあったが、大学生となった僕は傲慢にも次のように考えていた。「自分には何だってできる」「できない時は、やり方を工夫すればいいんだ」。実際にクラブ活動で居合道を始めたり、友人と海外旅行に出かけたりと、僕は「できること」を増やし、「世界」を広げていった。

　そんな僕は大学3年生になり、日本史学科に進学した際、初めて大きな壁にぶつかる。もちろん大学入学までにも、視覚障害に起因する壁に行く手を遮られることは何度かあった。だが、それらは「やり方を工夫すれば」乗り越えられるものだった。点訳・音訳ボランティアの支援もあり、大学の各種授業で、とくに困ることはなく、平々凡々と学生生活を送っていた。1980年代後半の大学は今よりもはるかに自由で、教員の都合による休講も多かった。僕も「教養課程は休養過程だ」と嘯いて、けっこう授業をサボっていたものである。当時は板書をせず、教員がひたすら喋るだけという講義もたくさんあり、盲学校との差を感じることもなかった。

　1980年代前半までの全盲学生にとって、大きなハードルとなっていたのは定期試験、レポートへの対応である。大学入学直後、僕も点字でレポートを書き、教務掛を通じて点字図書館、盲学校に墨訳（通常の視覚文字への変換）を依頼していた。しかし、1年生の後

期からは練習も兼ねてパソコン（音声ワープロソフト）で墨字のレポートを作るようになった。90 年代以降、視覚障害者が独力で墨字を読み書きするための情報処理ツールとして、パソコンは普及・定着した。ICT の進展により、視覚障害者が「できること」は確実に増加し、彼らの職域も拡大していくのである。

　パソコンを使えば、今まで不可能だった視覚文字の読み書きができる。自力で読めない本は、ボランティアに点訳・音訳を頼めばいい。たしかに、一般教養科目はこの方針で十分対処できた。ところが、僕が専門課程で選んだのは日本史である。「幼いころから戦国武将の伝記を読むのが好きだった」「司馬遼太郎のような作家になりたい」。こんな幼稚な動機で専攻を決めた僕には、大学で日本史を学ぶとは具体的にどんなことなのか、まったくわかっていなかった。

　日本史の専門課程では、古文書の解読が不可欠となる。同級生の健常者たちも「くずし字辞典」などを片手に、中世・近世の史料を一字ずつ読み解いていく。僕の場合、古文書そのものをさわって読むのは難しい（古い和紙の手触りはそれなりに興味深いが、複雑な文字の触読は困難だろう）。自分で読めないのなら、ボランティアに読んでもらえばいい。でも、古文書を点訳・音訳するためには専門的な知識が必要である。古文書をすらすら読めるボランティアがどれくらいいるのか（ほとんどいないのではないか）。

　また、そもそも視覚障害者は、表音文字である点字に親しんでいる。仮に古文書の点訳・音訳がある程度揃ったとしても、視覚障害者が漢文を読解できるのか。史料の綿密な読みを積み重ねて、実証的な研究を遂行する歴史学において、全盲者は健常者に太刀打ちできるのか……。「できないこと」を突き付けられ、僕は途方に暮れた。

【すべてはトイレから始まる！】

　周囲の同級生が少しずつ古文書の解読に習熟していく中、僕は文字どおりお手上げ状態で夏休みを迎えた。楽天家の僕も、さすがにあせり始めていた。そんな時、たまたま興味を持っていた山伏修行に参加することになった。山伏への関心は、小学校時代のウルトラマン、スーパーカー、あるいはアントニオ猪木やジャイアント馬場のプロレスブームに由来している。超人的なパワーへのあこがれの延長線上に、加持祈祷などで験力を発揮する山伏も位置付けることができる。

　山伏に関する書籍を何冊か読んだが、僕の中で彼らの実像をはっきりイメージできない。各地に山伏修行は残っており、修行の様子を写真で紹介する本もある。写真を見ることができぬ僕は、修行を実体験してみるしかない。単純な僕は、山伏修行に全盲者の参加が可能かどうか、電話で問い合わせてみることにした。いくつかの寺、神社に断られた後、最終的に僕を受け入れてくれたのが羽黒山だった。

　山伏修行の初日、僕は自分が「障害者」であることを思い知らされた。山伏修行は、集団行動が原則である。部屋の移動、掃除など、周りの状況が見えない僕は、誰かの手助けを待つことになる。見よう見まねができない僕は、修行の要所要所でしばしば立ち往生した。

　いちばん困ったのはトイレである。自宅や大学内など、慣れた場所では好きな時に自分でトイレに行くことができる。だが、不慣れな環境、しかも障害物が多い古寺の中では、誰かに付き添ってもらわなければ、トイレに行くことすらできない。「すみません、トイレに行きたいんだけど、連れていってくれませんか」「いや……、大の方なので、ちょっと待っていてください」。トイレには１日に４・５回は通う。夜中に行きたくなることもある。トイレに行くことは、

僕にとって大きな精神的負担となった。

　そのうち、僕はおもしろいことに気づいた。トイレへの往復時間は、短いようで長い。黙っていると気詰まりなので、廊下を歩きながら会話を交わすようになる。それは誘導する人、される人という関係ではなく、修行仲間としてのごく自然な会話だった。「どこから来たの」「なぜ修行してるの」。こんな自己紹介から始まり、山伏修行の魅力、断食に耐える方法（抜け道？）などを教えてもらうこともあった。数日経過すると、「俺、トイレに行くけど、いっしょに行くか」と声をかけてくれる人も増えた。変な表現になるが、「トイレのありがたさ」を再認識できたのは、山伏修行の成果といえるだろう。
　山伏の荒行に取り組む際、否応なく目が見えない僕は目立つ。集団行動に付いていけない僕は、初めはある種の劣等感を味わった。しかし、そうこうするうちに、ピンチはチャンスであることを悟る。「○○ができない」僕に対し、誰かが声をかけ、手を差し伸べてくれる。その声、手をうまくつかまえれば、コミュニケーションの場が生まれる。結果的に、僕は山伏の行法でわからないこと、知りたいことを気楽に質問できる先輩修行者との交流を楽しんだ。書物では伝えられない「生きた知識」をしっかり獲得し、僕は九日間の山伏修行を無事に終えることができた。
　「目が見えない→目立つ→目新しい出会いがある→目から鱗の発見をする」。山伏修行は僕の一人旅の原点であり、「行けばなんとかなる」という自信を育てる源泉ともなった。山伏修行の後、僕は文献研究のみならず、積極的に聞き取り調査も実施し、自分なりのフィールドワークの手法を模索した。視覚障害は研究を進める上で障壁である一方、逆に大きな武器ともなる。これが文化人類学研究

者となった僕の素直な実感である。

　今、30年前の羽黒山の古寺のトイレのにおいとともに、自身の研究の出発点となった修行を懐かしく思い出す。13歳で失明した僕は何度もトイレの壁に激突し、目が見えない現実に向き合うことになる。「ここがトイレの入口だ」と思い、勢いよく曲がると、壁が僕を待っている。間違えて女子トイレに入ってしまったことも、1度や2度ではない。痛い思い、恥ずかしい思いはしたくないので、僕は一人歩きのスキルを磨く。トイレに一人で行くことは、僕にとって自立の第一歩だった。失明から10年後、山伏修行の古寺で、再び僕は一人でトイレに行けない事実に戸惑う。この不自由・不便を通じて、健常者中心の社会で生きていくノウハウが、僕の中で醸成される。どうやら、僕の人生において、すべてはトイレから始まるようだ。

【研究の原点はカツカレー】

　視覚障害者の一人旅、単独歩行を追求する際、参考となったのは琵琶法師、瞽女（盲目の女性旅芸人）の存在である。山伏修行を通して研究の手がかりを得た僕は、卒業論文で琵琶法師を取り上げることにした。当時、学部生の僕には、研究してみたいテーマが二つあった。一つは、修験道の歴史。山伏に代表される民間信仰、民俗宗教の世界をもっと深く知りたいという願望である。もう一つは、障害者の歴史。自分と同じように目の見えない人々が、過去の日本においてどんな生活をしていたのか。もしかしたら、同じ立場の僕だからこそわかることがあるかもしれない。

　障害者の歴史を探究したいという希望を持つきっかけは、高校（盲学校）時代の日本史の教員の言葉である。「日本史の教科書には、

障害者がほとんど登場しない。しかし、江戸時代以前にも障害者は生きていたはずである。そういった「埋もれた歴史」を掘り起こしていくのは、おまえたちの役割なのではないか」。歴史の教科書に障害者が取り上げられない理由は二つある。一つは、障害者自身が史料（文字）を書き残すという事例がきわめて少なかったこと（日本点字の考案は 1890 年である）。単純に、史料がなければ、歴史研究は難しい。二つ目は、中高の歴史教科書を執筆しているのが大学教員であること。大多数の教員は健常者であり、彼らの実生活において障害者と接する機会はほとんどない。つまり、執筆者の問題意識の中に、「障害」が入る余地はないのである。

　専門課程進学後、すでに刊行されている障害者の歴史に関する書籍をいくつか手にした。第二次大戦中、戦争に協力できない障害者たちが「非国民」「穀潰し」と言われ虐げられてきた体験記を読んだ時は胸が痛んだ。差別の歴史も大切だが、なんだか暗くなりそう。文化の創造者、担い手として、障害者を評価する「明るい歴史」は書けないものか。自己の障害をプラス思考でとらえたいと願っていた二十歳そこそこの僕は、既存の障害者史に疑問と不満を感じた。

　僕は迷った末に、卒業論文のテーマを中世の琵琶法師にした。琵琶法師を研究すれば、民間芸能、宗教史の側面もカバーできるし、障害者の文化史にアプローチすることにもなる。カレーも食べたいし、トンカツも大好き。それならカツカレーにしてしまおう。なんとも安易ではあるが、僕はカツカレー的な発想で研究者としての第一歩を踏み出すこととなった。ちなみに、カツカレー（大盛り）は今日に至るまで僕の昼食の定番メニューであり、琵琶法師の研究は僕のライフワークとなっている。

　僕が卒業論文を提出したのは 1991 年である。90 年代には、九州地方で活動する地神盲僧（琵琶法師）が数名残存していた。彼らは宗教・芸能が一体だった中世の琵琶法師の姿を現代に伝える貴重な「無形文化財保持者」ということができる。第二次大戦後、地神盲僧の後継者がいなくなり、その伝統が風前の灯火となった段階で、彼らが注目され始めたのは皮肉である。盲僧の高齢化が進む中、宮崎県延岡市を中心に、千軒以上の檀家回りを続けているのが永田法順さんだった。永田さんの琵琶演奏、五穀豊穣・無病息災の祈願などの現場に立ち会い、ライフヒストリーをお聞きすることから僕の研究はスタートした。

　2010 年に永田さんが亡くなり、琵琶法師は日本社会から消滅する。まさに、永田さんは「最後の琵琶法師」なのである。90 年代は、琵琶法師の民俗学的調査を行うことができるぎりぎりのタイミングだった。永田さんに直接お話をうかがうことができた体験が、研究者という枠にとどまらず、「視覚障害者として生きる」今の僕の土台ともなっている。

　中世の文献にも琵琶法師は登場する。室町時代の貴族の日記を読むと、現代人の感覚では信じられないスピードと頻度で、琵琶法師が長距離の旅をしていることがわかる。いうまでもなく、中世には点字ブロック、音響式信号機など、設備面の安全配慮は皆無である。盲人の旅は危険と隣り合わせだった。実際、各地の地名伝説を調べてみると、「ここで座頭（盲人）が誤って転落死した」というような悲話が多数分布している。なぜ中世の盲人たちは危険を承知で、あえて歩いていたのか。いや、歩かなければならなかったのだろうか。

　僕は日ごろから感じている素朴な疑問を永田さんにぶつけた。「どうして永田さんは毎日、檀家回りの旅を続けているのですか」「視

覚障害者が一人で歩くのはたいへんではないですか」。永田さんの答えはシンプルだった。「待っておられる檀家、歓迎してくれる人がいるから、旅を続けているのです」。この永田さんの発言により、僕の卒業論文の方向は決まった。琵琶法師とは琵琶を弾き、『平家物語』を語っていた宗教・芸能者であるという僕の浅薄な理解は、「聴き手」「聴衆」の視点を加えることで厚みを増した。

　琵琶法師の語り物を熱心に聴いてくれる人、彼らの来訪を歓迎する民衆がいる。だから、琵琶法師は（時には辛い）旅を続ける。これは、琵琶法師の歴史を貫く普遍的な図式ではないだろうか。卒論調査のため、何度か九州に通ううちに、僕自身の歴史観が徐々に確固たるものになった。さらに、「自分も琵琶法師のようなバイタリティを持って、人生を歩んでいこう」という決意も固まった。

【「ごく楽に生きる」とは】

　大学院進学後、僕はイタコ（盲巫女）の調査のため、東北地方を頻繁に訪ねるようになる。盲僧の場合と同様に、90年代には現役の盲巫女が複数活動していた。恐山の大祭で、イタコの口寄せを実体験したのは懐かしい思い出である。九州と東北の状況を比較することで、僕の研究の幅は広がり、更なる深化をめざして博士課程へ進んだ。

　大学院生の僕は自治体の人権研修、小中学校の障害理解教育の講師として、時々講演依頼を受けるようになった。毎回の講演で僕が強調したのは、「視覚障害者は面の皮が厚くなければならない」ということである。視覚障害者が街を歩けば、いろいろな物にぶつかる。時には怪我をしてしまうこともある。でも、外出は怖いと、躊躇していてはいけない。障害物に激突しても、怪我をしないような「厚

い面の皮」が必要である。そして、歩いていて道に迷ったら、他人に訊けばいい。断られても、無視されても、めげずに次の人をつかまえる。そんな強い精神力、いい意味での厚かましさを持つべきだろう。大学院博士課程在学中、1年間の米国留学を経験し、僕の面の皮は大いに鍛えられた。面の皮は視覚障害者の単独歩行のキーワードであり、これからも大事にしたいと考えている。

学部時代から琵琶法師、イタコに加え、僕は瞽女にも関心を持っていた。瞽女の活動は新潟県を中心に1970年代まで続いており、90年代には「最後の瞽女」と称される小林ハルさんが健在だった。「論文は足で書く」をモットーとする僕としては、小林さんのインタビュー調査を行うべきだろう。その気になれば、チャンスはいくらでもあったと思う。しかし、僕は小林さんに会うことができなかった。僕が瞽女の本格的な調査を開始するのは、小林さんが亡くなった2005年以後である。

「私が今、明るい目をもらってこれなかったのは前の世で悪いことをしてきたからなんだ。だから今、どんなに苦しい勤めをしても、次の世では虫になってもいい。明るい目さえもらってこれればそれでいい……」。

これは小林さんの発言である。「次の世は虫になっても」という強烈なメッセージに接し、僕は少なからず動揺した。「同じ視覚障害者であるおまえはどうなんだ」「うーん、やはり目が見えている方がいいかな。でも、虫にはなりたくない」。頭の中で、こんな自問自答を繰り返した。世間一般の常識では、「目が見えない＝不幸」である。それゆえ、小林さんの「次の世は虫になっても」というフレーズは、ある種の共感を持って健常者に受け入れられた。瞽女とは前近代の遺物なのだから、社会の進歩、福祉制度の充実により消

滅するのが歴史の必然である。このような常識に対し、僕はどんな反論ができるのだろうか。

　盲学校、大学での多くの友人、恩師との出会いを通じて、僕は障害をプラス思考でとらえることができるようになった。一方、僕とはまったく違う障害観を持って、地を這うように生きてきたのが小林さんである。90 年代、小林さんは瞽女の旅を引退し、老人ホームで余生を送っていた。小林さんに会いたい、会わなければならないと思うものの、正直なところ、彼女と話をすることで、自身の障害観が覆される恐怖感を払拭できなかった。当時の僕は、面の皮の鍛錬がまだまだ不足していたのだろう。

　小林さんが死亡したというニュースを僕は複雑な気持ちで聞いた。それから数年後、ようやく僕は新潟を訪れることができた。残念ながら瞽女本人からの聞き取りは不可能だったが、瞽女の支援者、地元の研究者、かつての瞽女宿などを訪ね歩いた。残されている瞽女唄のレコード、CD も集めた。初めて瞽女唄を聴いた時、僕にはその魅力がわからなかった。小林さんたちの鍛え抜かれた声の迫力は十分感じることができたが、瞽女唄そのものは単調で、歌詞も聞き取りにくい。失礼な言い方になるが、「おばあさんが声を張り上げている」というのが素直な印象だった。

　瞽女唄の魅力を実感できたのは、2013 年の冬に秋山郷を訪問した時である。秋山郷は長野と新潟の県境に位置しており、「日本の秘境」とも称される。秋山郷のような山奥の村落にも、瞽女は毎年のように通っていた。「待っている人がいるから、険しい山道を歩いて旅をする」「遠路はるばる、目の見えない瞽女たちが唄を届けてくれるのはありがたい」。村民と瞽女の交流のエピソードは枚挙

に暇がない。

　近代的な鉄筋建築物、エアコンの効いた部屋の中で瞽女唄のCDを鑑賞しても、本物の瞽女唄を聴くことにはならないだろう。瞽女宿は、聴きたい人（村民）と聴かせたい人（瞽女）が集うライブハウスのような場である。濃密な空間の中で、瞽女と聴き手の触れ合い（相互接触）が生まれ、瞽女唄が成立する。瞽女が歩いた道を辿り、彼女たちの唄を聴くために村民が集まった古民家に身を置くことによって、初めて瞽女唄の真義を体感できたのは、秋山郷調査の大きな成果といえよう。

　盲人史研究を続ける過程で、伊平たけさんという瞽女を知った。伊平さんは1977年に亡くなったが、即興を得意とし、晩年には東京などでリサイタルを開いている。伊平さんの実体験に根差す独特の語り、その明るさと達観した人生論は、障害の有無に関係なく、70年代の大衆を引き付けた。リサイタルでは「しかたなしの極楽」という語を多用している。「自分の目が見えないのは仕方ないことだ」「なぜ自分がと、あれこれ考えても仕方ない」「それならば、目が見えない現実を受け入れて、この世を楽しく生きていこう」。伊平さんは「極楽とは、ごく楽に生きること」とも述べている。21世紀の日本で、どれくらいの人がごく楽に生きているのだろう。そして、僕自身はごく楽に生きているのか。

　個人的な好みはさておき、小林さんと伊平さんはタイプの違う瞽女である。瞽女唄の演奏スタイル、曲調もまったく異なる。当たり前のことだが、視覚障害者も十人十色、さまざまな人がいる。だが、世間（健常者）は「瞽女とは暗く、さびしい芸能者」とステレオタイプでとらえがちである。いろいろな瞽女がいる（いた）ことを健

常者に伝えていくのは、視覚障害の当事者であり、日本史の研究者でもある僕の役割なのだろう。そうだ、己の役割を自覚し、この世をごく楽に生きるのが重要で、次の世で明るい目がもらえるかどうかを考えても、仕方ない！

【「棒」で歩けば「望」に当たる】

　瞽女唄とは何だろうか。伊平さんは、「瞽女が唄う唄が瞽女唄である」と明快に（？）定義している。瞽女唄は説教節・浄瑠璃・端唄など、多種多様な語り物、民衆芸能を融合したもので、そこには明確な音楽的特徴はない。また、師匠や居住地域の違いにより、瞽女唄のレパートリーは多様で、同じ曲の演奏でもバリエーションに富んでいる。そもそも、瞽女唄は門付、村民たちの宴会の場で披露されることが多い。聴衆のリクエストに柔軟に対応できるかどうかが、瞽女の力量ということになる。

　2013 年に米国に滞在した際、スティーヴィー・ワンダーは瞽女に似ているのではないかということに気づいた。スティーヴィーはさまざまなジャンルの音楽を取り入れ、シンセサイザーを用いて独自の作曲スタイルを確立した。古今東西、盲人は音と声を駆使して、「目に見えない世界」を表現することに長けていた。たとえば、スティーヴィー・ワンダーはシンセサイザーの音で宇宙や人間の心をイメージする曲を作り、高橋竹山は三味線で、自分は見たことがない津軽の風景を鮮やかに描写した。

　宮城道雄は、水を主題とする数多くの曲を発表している。「ロンドンの夜の雨」は、彼がロンドン滞在中に雨の音を聴き、即興で作った曲である。ロンドンの街路や建物の屋根に落ちる雨音、行き交う人々の足音は、彼が暮らす東京とはまったく違うものだっただろう。

宮城が活躍した時代、ロンドンを訪問できる（見ることができる）日本人の数は限られている。聴衆にどうやって、どれだけ「目に見えない世界」を伝えることができるのか。宮城をはじめ、盲人芸能者たちはこの点にこだわって、自身の腕を磨いた。

　琵琶法師が伝承した『平家物語』は、もともと平家の亡魂供養、死者への慰めのために語られていたといわれる。死者の世界は、目に見えないものの代表だろう。あの世とこの世を自由に往還できる琵琶法師の職能は、東北地方の盲巫女にも共通している。平家の滅亡から50年ほどが経過すれば、リアルタイムで合戦の様子を見た人はいなくなる。誰も見たことがない源平の合戦。その場面を音と声で見事に（見てきた事のように）再現したのが琵琶法師だった。

　現在の僕たちにとって平曲（『平家物語』を琵琶に合わせて語る芸能）はスローテンポで単調な音楽であり、眠くなってしまう人も多い。しかし、南北朝期にはこの平曲が大流行した。中世の人々は平曲を聴いて、「見たことがない風景」を想像・創造して楽しんでいたのである。

　先ほど、不遜にも「瞽女唄はおばあさんが声を張り上げている」と書いた。僕自身の感性もだいぶ鈍化していることを認めなければならない。20世紀後半以降、テレビやインターネットが普及し、「目に見えない世界」は軽視されるようになった。21世紀、視覚優位の現代社会を生きる視覚障害者は、もっと「目に見えない世界」の価値を自覚し、積極的に発信していくべきだろう。

　永田さんの琵琶、小林さんや伊平さんの三味線演奏は、いうまでもなく「目の見えぬ人が苦労して、わざわざ遠くまで来てくれるからありがたい」という労り、労いの感情のみで支持されていたわけ

ではない。同情心だけでは、数百年に及ぶ盲人芸能の維持・発展はなかっただろう。瞽女も琵琶法師も全国を旅した。彼らの旅では、視覚以外の感覚が総動員される。たとえば、僕が日々通勤する際、白杖の音の響きで道の幅、前方の障害物の有無を把握できる。顔の皮膚で風の流れを察知する（この場合、面の皮は厚くても、繊細でなければならない）。さらには花のにおい、鳥の声、地面の凹凸はそれぞれ鼻印・耳印・足印となる。鼻印・耳印・足印をどれだけ有効活用できるのかが、視覚障害者の単独歩行のポイントだといえる。

　瞽女や琵琶法師が旅をする場合、外界の情報を効率よく得るために触角（センサー）を伸ばす。手、さらにはその延長である白杖（かつては木の枝などの棒）はセンサーの代表だが、触角は耳や鼻はもちろん、全身に分布している。外界に伸ばされたセンサーは、次の段階では内界（自己の内面）へと向かう。瞽女や琵琶法師がセンサーで捕捉した種々雑多な情報が、内界から湧き上がる唄となって表出される。伊平さんの定義を僕流に敷衍するなら、「瞽女唄とは、盲目の女性が触角でとらえた世界、すなわち旅で出合う「目に見えない風景」を音と声で表現した唄」ということになるだろうか。

　視覚障害者にとって、歩くとは全身の触角を鍛える実践である。毛穴から伸びるセンサーを手入れするメンテナンス作業が、盲学校やリハビリ施設での歩行訓練だということもできる。盲人芸能において、歩くことと語ること（演奏すること）は表裏一体だった。誤解を恐れずに言うなら、歩くことをやめた時、琵琶法師や瞽女は消滅したのである。僕はガイドヘルパー（外出支援者）制度の拡充を喜ぶ一方で、視覚障害者たちを一人で「歩かせない」優しい社会に、ある種の危機感を抱いている。さあ、棒（白杖）を持って歩め、されば望（希望）が見えてくる！

【マスク（mask）の新解釈】

　卑近な例で恐縮だが、ここで僕自身の最近の体験談をご紹介しよう。コロナウイルス対策で緊急事態宣言が出されたため、2020年4月から、在宅勤務する日が増えている。何度かオンラインでの会議、打ち合わせも経験した。当初、オンラインでの打ち合わせは電話で話をするようなものかなと軽く考えていたが、どうも勝手が違う。僕はパソコン画面に表示される相手の顔、動きが見えない。また、複数の人の声が同じスピーカーから聞こえてくることにも違和感がある。

　普段、自分が何気なく参加する会議では、視覚以外の感覚を縦横に発揮し、周囲の人の気配をとらえていたのだと再認識させられた。通常の対面式の会議ならば、発言者の声（時に匂い・臭い）で、その人がどの方向に座っているのか、自分とどれくらいの距離があるのかがわかる。姿は見えなくても、息遣い、紙をめくる音、口調の微妙な変化などで相手の表情、気持ちをある程度推測することができる。オンラインでは、この推測が困難である。僕にとってオンライン会議は苦手なものだが、「濃厚接触」の意義を再確認できたという意味で、今回の在宅勤務を前向きに考えたい。

　2020年6月以降、外出する機会が少しずつ増えているが、どうもマスクには抵抗がある。新型コロナウイルスの感染防止に心がけるのは重要であり、もちろんマスク着用を否定するつもりはない。しかし、マスクを着けると「野生の勘」が損なわれてしまうと、僕は感じている。

　僕が勤務する国立民族学博物館は、万博記念公園の中にある。普段は公園内を15分ほど歩いて通勤している。お恥ずかしい話だが、5月の出勤の際、何度か公園内で迷ってしまった。20年ほど通って

いる道で迷うとは、我ながら情けない。「久しぶりの通勤で、感覚が微妙に狂った」「ぼうっと歩いており、集中力を欠いていた」など、理由はいくつか考えられる。在宅勤務が多く、運動不足なので、「たまにはしっかり歩け」ということなのかもしれない。道に迷って運動量が増加するのは悪くないが、「ここはどこ？」状態で歩くことを強いられるのは、散歩ではなく惨歩である。

　視覚障害者の単独歩行では、全身の感覚が総動員される。いうまでもなく音、においは大切な情報であり、顔の皮膚（肌）では風の流れ、人や物の気配を察知する。「顔」にはセンサー（触角）が集まっている。マスクを着けると、このセンサーが明らかに鈍る。音の聞こえ方も変わるし、肌がキャッチする情報も少なくなる。加齢による触角の衰えは別として、僕が心ならずも「散歩＝惨歩」させられた原因の一つがマスク着用にあるのは間違いない。マスクを使うことで、あらためて視覚障害者の歩行は繊細なものなのだと実感した。

　変な言い方になるが、僕たち全盲者は「顔」が勝負である。視覚障害者の「顔」には、人間本来の「野生の勘」が集約されている。「50歳を過ぎた僕も、もっとワイルドに生きていかなければ」。「散歩＝惨歩」の途中で、いつの間にか僕は縄文時代にタイムスリップする。「未知なる道」を歩む妄想（盲想）がどんどん広がっていく。

　マスク着用の負の面を強調してきたが、なんとかこの状況をプラスに転じることができないだろうか。以下は妄想（盲想）の産物、いつものごとく語呂合わせである（こんなことばかり考えているから、道に迷うんだよなあ）。マスクとは、「**ま**だするの、またするの」「**す**らすら・すたすた歩けない」「**く**たびれる」。おやおや、これではちっともプラス思考にはならない。そこで、英語バージョンをひねり出

してみた。

①**Manner:** マスク着用の真意は、自分の安全のためのみならず、他人への配慮、優しさの表出だろう。自分が感染しないことよりも、他人を感染させない意識が肝要である。他人を思い遣るマナーを大事にし、夏場にマスクを着ける煩わしさに耐えていきたい。万人が感染対策のマナーを習得すれば、ウイルスを過度に恐れる必要はない。

②**Aware:** 僕はマスクを着けることによって、視覚以外の感覚の意義を再認識した。失われる（塞がれる）ことで、初めてわかるものがある。「そうか、顔でいろいろな情報を得ていたんだ」。この気づきをきっかけとして、縄文人のようにワイルドな「顔」を持つ健常者が増えることを願っている。

③**Scenery:** マスクの有無で、風の感触は異なる。大げさに言うと、これは風景に対するイメージの転換である。世界のとらえ方が変化するともいえる。僕には風景画は描けないが、マスク使用から生まれる新感覚は、ユニークなアートを創造する源泉になるのではなかろうか。多彩なアーティストたちの触角を介して、風景の概念が深化することを期待しよう。

　余談になるが、通勤路で迷ったこともあり、僕は最近、公園のゲートを入ると、マスクを外すようにしている。広い園内では「3密」を回避できるので、マスクなしでも許していただきたい。太陽の塔の真ん前でマスクを外す解放感（開放感）、「顔」がいきいきと働き始める心地よさが、僕の密かな楽しみになっている。「芸術は爆発だ！」やはり太陽の塔は「野生の勘」を取り戻す場にふさわしい。目に見えない太陽の塔を思い描いていると、また僕の妄想（盲想）が拡大する。

④**Knock:** マスクは、残された感覚をどれだけ有効活用できるのか

を問いかける試金石でもある。マスクで顔の３分の２は覆われるが、目から上の部分は露出している。さあ、顔の上３分の１の触角をもっと磨こう。額でさまざまな事物を感知できるようになれば、「第三の目」が開眼するかもしれない。マスクは、体内に眠る潜在力を呼び覚ますノックの役割を果たす。マスク着用の違和感は、じつは新たな能力を開発するチャンスでもある。

　閑話休題。これから、マスクを着けない素顔の僕の「旅」の話に戻るとしよう。「野生の勘」全開でお読みいただきたい。

【琵琶を持たない琵琶法師の旅】

　琵琶法師や瞽女の研究を通して知った生き方（人生に臨む姿勢＝作法）、行き方（人生を歩む手段＝技法）に僕は大いに刺激された。「それでは、同じ視覚障害者として僕はどう生きるのか」。これが次の課題、つまり研究成果の社会還元ということになる。残念ながら、僕自身が平曲や瞽女唄の継承者になるのは難しい。作法という面で、僕には盲人芸能の厳しい修業に耐える精神力がない。また、技法の面でも（こちらの方がより深刻だが）、僕には音楽的センスが欠けている。中学生の時、僕は音楽の成績で、５段階評価の「１」を付けられた。これは僕の密かな自慢（？）である。蛇足ながら、すべての視覚障害者が鋭敏な音感の持ち主ではないことを付言しておく。

　前近代の盲人たちには、いい意味でも悪い意味でも、職業的選択肢がほとんどなかった。「これしかない」という真剣さ、過酷な生存環境が琵琶法師、瞽女たちの優れた技芸を生み育てたともいえよう。幸か不幸か、視覚障害者の大学進学が当たり前となり、不十分ながら職業選択の幅も広がった現在、目の見えない者たちの「生き方＝行き方」は大きく変化した。僕自身は琵琶法師、瞽女そのものには

なれないが、彼らの「生き方＝行き方」、「目に見えない世界」を探究した歴史を現代社会に伝えていきたいと願っている。

　では、僕にできることとは何か。客観的に、文化人類学者として、僕はまだまだ未熟である。だが、単著・編著の数は少なくない。視覚障害のある研究者というユニークな立場を活かし、自分なりの発信を続けている。ここでは、僕の最新刊を紹介したい。瞽女唄や平曲のような迫力はないが、僕は拙著を通じて、健常者（社会の多数派）にさまざまなる「生き方＝行き方」の可能性を示すことを常に意識している。

　2020年1月、『触常者として生きる──琵琶を持たない琵琶法師の旅』（伏流社）を刊行した。ここ数年、新聞・雑誌など、各方面で発表してきた論文・エッセーを再編集した著作である。「触常者」（触覚に依拠して生活する人）は僕の造語で、10年ほど前から頻繁に使っている。タイトルからもわかるように、僕は本書で「障害／健常」という二分法を乗り越えて、触常者として生きることを力強く宣言した。「障害」をプラス思考でとらえ、世間の障害観を変える研究と実践を積み重ねてきた僕の「とりあえずの集大成」が本書であるともいえるだろう。

　この本のもう一つの特徴は、「さわる表紙」である。表紙カバーにはトーテムポールのイラストが印刷されている。トーテムポールの輪郭線が触図になっていて、さわって楽しむことができる。裏面にも同じようにトーテムポールが描かれている。表面のイラストはカラフルに色づけされているのに、裏面は目の部分を除き、ビジュアルな情報はない。大中小の点が組み合わされた触図があるのみのデザインになっている。**[写真② ③]**

写真② ③

　これは何を示しているのか。今回の「さわる表紙」には二つの意
味がある。まず第一に、二つのイラストは、僕のように目の見えな
い人が物をさわって理解するプロセスを示している。実際にトーテ
ムポールをさわる時、最初に両手を使って全体の輪郭を辿っていく。
その様子を表しているのが、表面のイラストである。全体像が把握
できたら、次に細かい部分を手の指先で探っていく。すると、輪郭
に加えて、目の部分、口の部分など、だんだん細部がわかってくる。
手・指の動きに比例して、情報量が増えていくのである。

　当初は、全体から部分へ、という触察の流れを触図にするのが目
的だった。しかし、装画・装丁チームと協議する中で、この触図に、
もう一つの意味が付与されることになった。裏面ではビジュアル情
報を消して、さわる図のみでトーテムポールを表現した。これは、トー
テムポールの背後に「目に見えないもの」が存在することを暗示し
ている（つもりである）。

　目が見える人にとって、トーテムポールの第一印象は視覚的なイ
メージだろう。目で見ているトーテムポールにさわって、触察鑑賞

を深めていくと、徐々に視覚的なイメージは薄れ、触覚的なイメージが強くなる。やがて、視覚的な記憶は完全に消えて、触覚情報によるトーテムポールの記憶が残っていく。最初は視覚で表面的にとらえていたトーテムポールが、心の奥底にしっかり定着する。そのために触覚鑑賞が不可欠なのである。拙著の「さわる表紙」を通じて、触察鑑賞が健常者にとっても大切なものであるという意識が社会に根付くことを願っている。

　従来のミュージアムでは、制作と鑑賞が別々にとらえられてきた。しかし、さわる行為を媒介とすると、制作と鑑賞を無理なくつなげることができる。たとえば、トーテムポールは北米先住民たちの手で制作される。そのトーテムポールを僕たちが手を使って触察鑑賞する。これは、制作者の手の動きを追体験しているともいえる。「制作はそんなに単純なものではない」という反論も出てきそうだが、すくなくとも触察鑑賞により、制作者の「手」、作品に込められたエネルギーがリアルに感じられるのは確かだろう。制作と鑑賞が融合し、新たなトーテムポールの魅力が引き出される。これが、鑑賞者の「手」と、制作者の「手」をつなげる触察鑑賞の醍醐味なのである。

　視覚と触覚、健常者と障害者をつなぐことが、現在の僕の活動の主眼となっている。拙著の「さわる表紙」も、そのような試みの一つと位置付けることができる。じつは、拙著のタイトルを決める際、僕の中に迷いがあった。書名候補として、最後まで残ったのは「健常者とは誰か」である。最終的に本全体の趣旨、僕の主張を明示するという意味で「触常者として生きる」を選んだが、今でも僕は本書の読者に「健常者とは誰か」と問いかけてみたいと思っている。

　おそらく、世の中の9割以上の人が、無意識のうちに自分は健常

者であると信じているだろう。では、健常とはどのようなことなのか。全盲の僕は、目が見えないことを除けば、日々健康に暮らしている。視力が低下することもなければ、老眼に悩む必要もない。大食いで、風邪もほとんどひかない僕は、同世代の同僚と比べても元気だと感じる。でも、僕は自他ともに認める障害者であり、健常者ではない。僕よりも不健康な健常者がたくさんいるのに、なんとも不思議である。健常者の唯一の定義は、「非障害者であること」なのかもしれない。

　ここまで僕の文章をお読みになった方は、以下のような感想を持っているのではなかろうか。「目の見えない広瀬は頑張って、いろいろなことにトライしているなあ」「日本の歴史の中で、目の見えない宗教者・芸能者が大きな役割を果たしていたことがよくわかった」。ちょっと意地悪な言い方をすれば、目の見える読者にとって、目の見えない人は、あくまでも自分とは別の世界の住人である。僕の体験談や研究に興味を持ってくれたとしても、所詮それは他人事でしかない。この図式は、人類学の「調査する側」「調査される側」の関係に類似している。

　どうすれば視覚障害者の人生経験、盲人史の蓄積を我が事として健常者に受け止めてもらえるのか。いつも、僕はこの問いへの答えを模索しつつ、本を書いている。この問いに対する明確な答えを出せれば、たぶん拙著はベストセラーになるだろう（そんな日はいつやってくるのやら）。

　近年の拙著では、曖昧な「健常者」に代わって、「見常者」（視覚に依拠して生活する人）という語を使っている。僕が見常者でないのは明らかである。そして、現代社会を構成する大多数の人が見常者であるのも間違いない。では、琵琶法師や瞽女が活躍した中・近世はどうだろう。平曲や瞽女唄に耳を傾けていた民衆は目の見える

人々であるが、見常者というわけではない。彼らは見ることに偏らず、さわること、聴くことの楽しさ、奥深さも心得ていた。

　人類が過度に視覚に依存するようになるのは近代以降である。現代社会においては、「健常者→見常者」「視覚障害者→触常者」の置き換えは可能だが、時代を遡れば目が見える触常者も多数存在していた。また、「目に見えない世界」が尊重されていた社会では、盲人（視覚を使わない人）は障害者（視覚を使えない人）ではなかったともいえるだろう。目の見える触常者が増えれば、「障害者／健常者」という二分法に基づく近代的な人間観は改変を迫られる。『触常者として生きる』が読者の毛穴に眠る触角をくすぐり、社会の多数派が保持する「健常者幻想」を打ち破ることを期待したい。

【「射真」という新概念】

　次に、目の見える触常者を育成する僕の最近の取り組みについて報告しよう。2019年7月、「射真ワークショップ」を開催した。僕は、目で見る写真に対し、全身で感じる「射真」を提案している。21世紀の現在、デジカメ、スマホが普及し、老若男女、みんなが気軽に写真を撮るようになった。いうまでもなく、写真は人間の記憶を記録するメディアとして、きわめて有効である。写真が情報入手・伝達の手段として、簡単、便利であることは間違いない。問題なのは、その写真にあまりにも頼りきってしまう安易さだろう。

　写真で記録できるのは、いわゆる視覚情報のみである。音声などの聴覚情報は、録音という手段で記録できる。では、においや感触の記録はどうだろうか。写真は視覚優位・視覚偏重の現代文明のシンボルだが、それだけでは記録できないものがあることも忘れてはなるまい。

　2019年6月、『毎日新聞』に「写真から射真へ」というコラム（4回分）を連載した。毎回のコラム記事とともに掲載した写真は、いずれも僕が撮ったものである。素人写真で、新聞に載せてもらうようなものではないのだが、僕としては健常者が持つ写真イメージを崩したいという思いがあった。視覚メディアである写真に対する異議申し立てともいえるだろう。

　4回のコラムを通じて、僕が読者に訴えたかったのは何か。もちろん、「目が見えなくても、こんなに上手に写真が撮れますよ」と、自慢するのが目的ではない。音が聞こえるような写真、においが鼻をくすぐるような写真。これらが健常者の聴覚・嗅覚の潜在力を呼び覚まし、視覚以外の感覚の復権につながることを期待している。全盲者でも写真が撮れるという事実が、視覚メディアの優位性を揺さぶる起爆剤になればと願う（『毎日新聞』のコラム、および僕が撮った4枚の写真の詳細については、前述の拙著『触常者として生きる』をご参照いただきたい）。

　射真ワークショップとは、写すのではなく、射る意識を持って、「まち」の記憶を記録しようという実験である。NHKの朝ドラ「スカーレット」の舞台としても知られる滋賀県の信楽で、まちあるきイベントを行なった。最近、あちこちでまちあるきが企画され、世代を超えて、多くの参加者を集めている。大半のまちあるきは、「あそこに見えるのが○○です」のように、街の風景、景色を視覚的に楽しむものだろう。また、まちあるき参加者はごく自然に写真を撮って、街を見た記憶を記録する。

　僕たちが試みる信楽のまちあるきでは、あえて写真を撮ってはいけないことにした。写真以外の方法で、街を記録するのが趣旨であ

る。カメラの代わりに、僕たちは1キログラムの粘土を持ち歩いた。まちあるきのコースの各所で、においを嗅いだり、古い窯にさわったり、足裏の感覚を楽しむ。そして、自分が印象に残ったものに粘土を押し当て、型取り（フロッタージュ）する。型取りの人気スポットは、登り窯の壁と神社の階段だった。型取りした粘土はワークショップ会場に持ち帰り、加工して作品を完成させる。被写体を視覚的に写すのではなく、一点を深く射抜くような心構えで被射体に触れる。こうして生まれるのが射真である。

　視覚的に楽しむまちあるき、写真をたくさん撮る観光もいいと思うし、それらを否定するつもりはない。僕は「射真」という新概念を導入することで、まちあるき・観光をユニバーサルなものにしたいと提案している。ここでいうユニバーサルとは、「感覚の多様性」が尊重されることである。射真は視覚偏重の価値観、人間観に対するアンチテーゼを内包している。

　堅苦しい理屈はさておき、単純に視覚以外の感覚をフル活用するまちあるきは、健常者にとっても刺激的な「探索」になるようだ。信楽のまちあるきが成功したので、全国展開をめざし、各地で射真ワークショップを開催していきたいと考えている。2019年11月には、神戸の新長田で「無視覚流まちあるき」イベントを実施した。参加者が目隠しをして、「目に見えない風景」を想像するまちあるきは、予想以上に盛り上がった。

　なお、2021年9月〜11月に開かれる国立民族学博物館の特別展「ユニバーサル・ミュージアム──さわる！"触"の大博覧会」において、信楽の射真作品を展示する予定である。ワークショップ参加者40名それぞれの作品、各人各様の射真に触れる来場者は、きっと信楽のまちあるきを追体験できるだろう。

〔コラム 3〕写真を移す人

　僕は大学・大学院生時代の 10 年余を京都で過ごした。今でも京都を訪ねると、20 代のころの懐かしい記憶が蘇る。全盲の僕にとっての京都は、さまざまな音、におい、味、触感、そして人々との出会いで彩られている。中でも、もっとも思い出深いのは大学院進学直後、点訳サークル「ボつ勃」を結成したことだろう。「点字はボツボツした触覚文字である」「ぼつぼつマイペースで点字を習得する」「勃勃たる気概を持って活動に取り組む」。「ボつ勃」にはこれら三つの意味が込められている。広く一般市民に参加を呼びかけ、京都の観光寺院のパンフレットを点訳する（点字に移す）のが、このサークルの趣旨だった。僕が京都を離れるとともに、サークルは自然消滅してしまったが、6・7 か所の寺院に点字パンフレットを納品することができた。

　「ボつ勃」の活動がきっかけで、龍安寺の石庭のミニチュア設置に関わった。世界的にも有名な龍安寺の石庭は、基本的に目で見て鑑賞するものである。拝観者は石にさわることはもちろん、庭を歩くこともできない。ちょっと意地悪な言い方になるが、全盲者が龍安寺に行って、石庭を目の前にしても、庭を実感するのは難しい。そこで、寺院の発案で石庭の精巧なミニチュアが置かれることになった。実物ではないが、15 個の石の配置、庭の構図を手で確認できるのはありがたい。このミニチュアの点字説明文の作成に、「ボつ勃」が協力した。

　いうまでもなく、ミニチュア設置の目的は、視覚障害者に石庭の雰囲気を伝えることである。しかし、初めてこのミニチュアに触れた時、僕には意外な気づきがあった。「今、僕は本物の庭師になって作庭しているのだ」。目の見えぬ僕は石の配置を視覚的に確認できないので、一つ一つ手探りしていく。ここに一つ、あそこに一つ……。15 個の石の大きさ、形を指先で確かめつつ、あたかもそれらを自分が庭に置

いていくかのように、前後・左右に手を動かす。おそらく、石庭を見るだけの観光客は、こういった作庭気分を味わうことはないだろう。「石を移す」作庭の擬似体験を通じて、石庭の背後にいる庭師に思いを馳せるのは、視覚とは異なるユニークな鑑賞法である。この作庭体験は、ユニバーサル・ミュージアム（誰もが楽しめる博物館）をめざす現在の僕の研究の原点ともいえる。

　21世紀に入り、少なからぬ美術館・博物館で「さわる展示」が試みられるようになった。さわるとは、単なる視覚障害者対応にとどまらず、事物の本質（目に見えない世界）に迫る学習法であるという認識も広がっている。彫刻作品に触れると、制作者の思い、エネルギーを追体験できるのは間違いない。深化を続けるユニバーサル・ミュージアム運動の中で最近注目されているのは、写真・絵画などの二次元作品へのアプローチである。従来、目の見える人・見えない人がペアとなり、言葉による絵画鑑賞を行うミュージアムが多かったが、それだけではどうしても視覚障害者は受動的になってしまう。言葉のやり取りを介して鑑賞は深まるものの、そこから作庭体験が生まれることはない。

　「移す」とは、視覚から触覚への変換と定義できる。近年、世界各国で多種多様な技法を用いて写真・絵画を触図に翻案する試行錯誤が繰り返されている。まだ技術的には発展途上であるが、ユニバーサルな鑑賞ツールとして、「さわる絵」「さわる写真」が普及・定着することを期待したい。写真が「移す芸術」であることを示す具体的な方法として、僕は以下の二つを提案する。①写真の触図を作り、視覚障害者のみならず、健常者にも積極的にさわってもらう。②視覚障害者が風景写真の舞台を訪ねる、あるいは被写体となった事物に実際に触れて、視覚以外の感覚を駆使して写真キャプションを書く。

　一般に、写真を写すのはカメラマン、写真家である。デジカメ、スマホが汎用化した今日、視覚障害者を含め、文字どおり誰もが「写す

人」になれるのが、写真の魅力といえよう。一方、美術館やギャラリー
に展示された写真を見る来場者は「映す人」である。写真家がとらえた
事物・風景を自分の目で見て心・頭の中に映す。写真鑑賞は写す人
と映す人の交流だが、両者の間には物理的な距離がある。この距離を
縮めるために、「移す」行為が大切なのではないかと僕は考えている。

　『古寺巡礼』など、数多くの傑作で知られる土門拳は、目に見えな
いものに肉薄した写真家である。彼はパノラマ的な全景写真を否定し、
足元、目の前にある狭い風景（生活史的な風景）にこだわった。彼の独
自の手法は、「手で掴める風景」という語に集約されている。そもそも、
風景とは五感を刺激する光や風の総体である。写真ではとらえきれな
い聴覚・触覚情報は、映す人の想像力によって補うことができる。そ
の意味で、写真鑑賞の際、「手で掴む」感覚は重要だろう。「手で掴む」
感覚を比較的容易に体感できるのが「移す」なのである。

　視覚的な要素が複雑に絡み合う画像を触図にするためには、写す人
の眼に向き合い、その写真のエッセンスが何なのかを把握しなければ
ならない。触図化に当たって、すべての視覚情報を触覚に置き換える
のは不可能なので、「手で掴める」範囲にまとめる。この「最小化＝
最大化」の精神が「移す」真骨頂である。移す人は触図にさわり、目
に見えない画面を自由に思い描く。「写真家は何を意識してこの写真
を撮ったのか」。「さわる写真」の制作・鑑賞は、作庭体験に似ている。

　これまで、「目が見えなくても写真が撮れる」という発想の下、各
地で視覚障害者の写真展が開かれてきた。そこから一歩進んで、写す
人と映す人をつなぐ「移す人」として、視覚障害者を位置付けてみたい。
「さわる写真」は、きっと二次元の視覚芸術の本義を再発見する手が
かりとなるに違いない。20代のころの勃勃たる気概を忘れずに、僕も「移
す人」の役割をさらに追求していこう。

第3章 「禍を転じて福と為す」
新たな博物館構想

【ユニバーサル・ミュージアムとは何か】

　視覚障害者は「濃厚接触」のプロである。いきなりこんなことを書くと、反発を感じる人もいるだろうか。目の見えない僕が家族・友人といっしょに歩く場合、ごく自然に相手の肘（時に肩）に手を置く。近年、視覚障害者が公共交通機関を利用する際、駅員などによるサポートを気軽に依頼できるようになった。駅員は視覚障害者を誘導する研修を受けており、躊躇なく僕に肘を持たせてくれる。また、点字の触読に代表されるように、視覚障害者は日常生活において、さまざまな物にさわっている。者に触れ、物に触れることを日々繰り返している視覚障害者にとって、「濃厚接触」を拒絶する昨今の風潮は辛い。

　"触"とは、単に手でさわることのみを意味しているのではない。触れる手の先には人がいて、物がある。「触れ合い」（相互接触）という語が示すように、"触"にはコミュニケーション、対話の要素が含まれている。さらに、視覚や聴覚など、他の感覚と異なる触覚の最大の特徴は、全身に分布していることである。足でさわる、背中でさわる、皮膚でさわる……。音を聴く、においを嗅ぐ、食べ物を味わうなども、広義では"触"の一部ということができる。僕は、"触"とは「全身の毛穴から「手」が伸びて、外界の情報を把握すること」と考えている。「身体感覚を総動員して体感する」と言い換えることもできるだろう。

　コロナ禍で人類が「緊急事態」に直面する現在、人と人、人と物の「距離」を取ることが強調されている。これは、ウイルス感染のリスクを避ける意味ではやむを得ない。「距離」を取ることは、視覚優位・視覚偏重の近代的な価値観にも合致する。しかし、僕は「濃厚接触」の本来の意義が軽視・忘却されてしまうことに大きな危惧を抱いている。時代の流れに逆らうことになるかもしれないが、「濃厚接触」のプロである視覚障害者が、"触"の大切さを発信すべきではなかろうか。今、そんな使命感に突き動かされて、この本を書いている。

　2020年9月～12月、国立民族学博物館（民博）で特別展「ユニバーサル・ミュージアム――さわる！"触"の大博覧会」、および企画展「見てわかること、さわってわかること――世界をつなぐユニバーサル・ミュージアム」が同時開催される予定だった。僕は2009年度に科学研究費を獲得し、全国の博物館・美術館、大学関係者に呼びかけて「ユニバーサル・ミュージアム研究会」を組織した。現在、この研究会のメーリングリストには100名ほどが登録している。定期的に共同研究会を行い、ユニークなワークショップも企画・実施してきた。今回の特別展・企画展は、この研究会の活動の集大成とも位置付けられる大事業である。

　ところがコロナ禍により、20年4月、この展示の延期が決まった。正直、20年秋をめざして調整を続けてきたので、実行委員長である僕のショックは大きい。とはいえ、人や物との接触を回避しようとする社会状況の中で、大々的に"触"を掲げる展覧会を開くのは難しい。むしろ1年延期し、落ち着いた環境の下で、"触"の意義、「濃厚接触」の大切さを再確認できるような展覧会を具体化する方が賢

明なのではないか。今は21年に向けて気持ちを切り替えている。

　僕が民博に就職したのは2001年である。民博は民族学・文化人類学の研究機関で、大学院大学も併設されている。採用が内定した時、僕の中には日本史の研究者としての達成感、今後のプランがあるのみで、博物館で働くという意識はあまりなかった。僕は学生時代に博物館学の勉強をしたことはなく、学芸員の資格も持っていない。博物館に就職したのは偶然である。

　民博に着任するまで、僕の生活にとって博物館は縁遠いものだった。盲学校在学中、遠足、修学旅行等でさまざまな施設を訪ねたが、博物館に関する思い出はほとんどない。大学入学後、現代アートの展覧会で彫刻作品に触れる体験を楽しんだことはあるが、そういった機会はさほど多くなかった。大学院生のころ、聞き取り調査で各地の郷土資料館を訪問した。ただし、僕の調査は人と話をするのがメインで、展示資料にさわることはなかった。当時の僕の素直な印象は、「博物館＝さわれない＝つまらない」である。「見学」を原則とする多くの博物館において、視覚障害者は「想定外」の存在だったといえるだろう。

　そもそも、ミュージアムとは近代文明のシンボルである。国家・為政者、あるいは素封家の権威・権力を視覚的にアピールする目的で、近代化の流れとともに、各地にミュージアムが設立された。近代社会では、「より多く、より速く」という価値観が重要視される。人間の五感の中で、大量の情報を瞬時に伝達できるのが視覚である。近代の視覚優位・視覚中心のトレンドは、博物館の成立・発展にも多大な影響を及ぼしている。古今東西、博物館は「見る／見せる」ことを大前提とする文化施設なのである。

　幸か不幸か、そんな博物館に全盲の僕がたまたま就職した。率直に言って、場違いである。当初、僕自身も博物館活動よりも、研究論文を書く方を重視していた。就職から 20 年ほどが過ぎ、今では自他ともに認める博物館の専門家になっているのだから、「先が見えない」人生とはおもしろい。

　2001 年当時、博物館は「冬の時代」を迎えており、何処も来館者数が伸び悩んでいた。ピンチはチャンスだといわれるが、どうすれば来館者数を増やすことができるのかという発想から、「人に優しい博物館づくり」がクローズアップされるようになった。今まで博物館に来ることができなかった（できにくかった）人々に注目しよう。そうすれば、結果的に来館者数アップにつながるだろう。こういった考えに基づき、「人に優しい博物館づくり」では外国人・高齢者・障害者への配慮・支援が取り上げられた。個別のバリアフリー（障壁の除去）ではなく、ユニバーサルデザインの理念で、包括的に来館者サービスを向上させるべきだという意見も出されるようになった。

　民博着任直後の僕も、館内の教職員の協力を得て、点字パンフレットのリニューアル、広報誌の音訳版（録音版）発行などを提案・実現した。点字パンフレットや音訳雑誌は、視覚障害者向けのバリアフリー対応といえるだろう。僕の中には、自分と同じ立場の視覚障害者が、もっと気軽に博物館に来ることができる環境を整備したいという思いがあった。こう書くと優等生っぽいが、視覚障害者を歓迎する博物館が増えれば、僕自身も楽しめるではないか。じつは、自分が日本全国、そして世界の博物館を訪ねてみたいというのが本音だった。

　障害者といっても、視覚障害・聴覚障害・肢体不自由・知的障害などなど、その特性とニーズは多様である。「ユニバーサル」はめ

ざすべき理想だが、どこから、どのように着手すればいいのかが難しい。それならば、博物館の「見学」がもっとも困難な人、視覚障害者への取り組みを充実させることから始めよう。「博物館と視覚障害者」というテーマを掘り下げていけば、近代的な人間観、ミュージアムの常識を覆すことができるに違いない。こうして、僕の博物館活動がスタートした。

　21世紀に入るころから、「人に優しい博物館」の含意で、「ユニバーサル・ミュージアム」という語が用いられていた。ユニバーサル・ミュージアムは和製英語である。バリアフリー、すなわち障害者や高齢者などへの個別の施策ではなく、広い視野で来館者サービスを普遍的・総合的にとらえていくべきだという姿勢に、僕も大いに共鳴した。

　しかし、「人に優しい」という表現には違和感があった。少しひねくれた言い方になるが、「人に優しい」で用いられる「人」とは誰だろうか。そこには、健常者（多数派）が障害者（少数派）に対して優しいという図式が見え隠れする。健常者の「上から目線」というと言い過ぎだろうか。僕は、「してあげる／してもらう」という一方向の人間関係を打破するのが「ユニバーサル」の真意だと考えている。そこで、ユニバーサル・ミュージアムの日本語による説明として、「誰もが楽しめる博物館」を使うことにした。この定義には、障害者も健常者も対等な関係で博物館を楽しもう、楽しむことができるという僕の願望、信念が凝縮されている。

　ほぼ同時期に、「人に優しい」への批判の意を込めて、僕は「人が優しい」というフレーズも使用するようになった。博物館に集うすべての人が優しい。物に対しても、者に対しても優しい。そこには優劣・上下がない。「人が優しい」に拒否感を抱く方はいないだろう。優しい人を育む生涯学習・社会教育の場として、博物館の役

割を引き続き訴えていきたい。

【触文化を展示する】

　僕が初めて企画展を担当したのは 2006 年である。「さわる文字、さわる世界——触文化が創りだすユニバーサル・ミュージアム」というタイトルで、会期は 06 年 3 月〜9 月の半年間だった。企画展を通じて、「ユニバーサル・ミュージアム＝誰もが楽しめる博物館」という概念を宣揚し、触文化の意義を明らかにすることができた。この展示は日本のユニバーサル・ミュージアムの原点であり、僕が博物館活動にのめりこんでいくきっかけともなった。

　僕は 2004 年ごろから企画展の準備を開始した。最初は、視覚障害者にたくさん来てほしい、視覚障害者が来たくなるような展示にしたいという思いが強かった。視覚障害者が能動的に、しかも自分のペースで展示を楽しむためには、やはりさわれる資料が揃っているのが必須条件だろう。

　さわれる資料を集める第一段階で僕が注目したのは、京都・東京の盲学校の資料室である。京都府立盲学校、筑波大学附属視覚特別支援学校の資料室には、明治期の教材・教具が多数保管されている。日本点字が考案される以前に実際に使われていた各種浮き出し文字（凸文字）による教科書、木製の地図などは、一般にはほとんど知られていない。しかし、それらは「どうにかして盲生徒に文字、知識を伝えたい」という教員の熱意、「どうにかして文字を読み、知識を得たい」という生徒の努力が結実した文化財である。

　企画展のキーコンセプトとして、僕は「触文化」を提案した。触文化とは、「さわらなければわからないこと、さわって知る事物の特徴」と定義できる。一連の盲学校資料は、触文化の象徴ともいえ

る。もともと、さわるために作られ、生徒たちが触察・触読してい
た物なので、それを博物館の来館者がさわるのは自然な流れだろう。
展示された凸文字資料にさわる行為は、明治期の盲学校の教員の熱
意、生徒の努力を追体験することにもつながるはずである。

　盲学校の「さわる文字」関係の資料だけでは展示が専門的（地味）
になってしまうので、触覚で鑑賞する仏像、神社模型、バードカー
ビングなど、「さわる世界」のおもしろさ、奥深さを体感できる資
料も収集した。米国や英国の凸文字書籍、視覚障害教育関係の資料
も取り寄せた。従来、さわれる展示、ハンズオンは子ども向けの事
業とされてきたが、視覚障害者、「ユニバーサル」の観点を加える
ことで、僕の企画展は“触”の新たな可能性を提示した。

　展覧会の内容構成を練り上げる過程で、僕の意識は少しずつ変わっ
ていった。先述したように、当初の計画では「誰もが楽しめる」といっ
ても、僕の中では明らかに視覚障害者の満足度を優先していた。いう
までもなく、企画展は視覚障害者のみのために実施するものでは
ないだろう。来館者の9割以上は目の見える健常者なのだから、彼
らに対するメッセージがなければ、企画展は逆差別を惹起しかねな
い。そこで僕は、健常者にとって“触”とはどのような意味を持つ
のか、真剣に考えるようになった。

　視覚は便利である。その便利な視覚が使えない全盲者は、「目の
不自由な人」と称される。何が不自由なのかといえば、目が見えぬ
ことそのものではない。歩くこと、読むこと、生活すること……。
目が見えないことに起因して、さまざまな不自由が生じる。目の見
えない者たちは日常的に、この世の中がいかに視覚情報で満たされ
ているのかを痛感させられる。逆説的な言い方になるが、視覚の便

利さを熟知するのが視覚障害者なのかもしれない。

　便利な視覚に頼りすぎると、他の感覚が鈍化してしまう。情報の量と伝達スピードばかりを重視すれば、見落とし、見忘れも多くなる。生化学者・木村雄吉の名著『動物の解剖と観察』は、文章のみで構成されており、写真・図が１枚もない。いわば、「絵のない解剖書」である。彼は以下のように述べる。

　　……既成の解剖書を与えられたことによって、自然そのものに踏み込むという手間取れる労力を節約し、解剖図と妥協し或いはこれに追随して自然を疎外する結果となろうとする。自らの観察によって解剖図を批判検討すべきことの代わりに、逆に、解剖図に頼ってかえって自然をこれに照合しようとする。このような弱々しい精神に向かっては自然は何ものをも語りはしない。既成の解剖図によって投げ与えられた先入見は、或場合には、我々と自然とを隔てる障壁となる。観察者は、どこまでも自由に見、自由に考え、深く知ることの喜びを味わうべきであろう。私はこのような気持ちから本書には一葉の附図をも載せなかった。

　　……附図のない解剖手引書は、アンデルセンの『無画画帳』とは異なって、実物を前にしてでなければ到底単なる通読にたえるものではない。この意味において本書は誠に不完全な、かつ不便この上ないものである。しかし幸いにして読者に本書の手引きが役立ち、克明精細なる解剖図が読者自身の手によって製作されたときには、本書は読者の協力によって完成され、読者にとっても便利な書と成る日のあることを私は信じたい。

　木村の「絵のない解剖書」は、安易に視覚に頼る危うさを鋭く指摘している。健常者にとって、"触"とはどんな意義を有しているのかを追求する上で、木村の著作は大いに参考となった。視覚障害者は、視覚以外の感覚をフル活用して、歩く、読む、生活する不自由に立ち向かう。彼らの体験を分析すれば、視覚の危うさを実証できるだろう。「絵のない解剖書」にも勇気づけられて、僕の触文化論は、視覚障害の枠を超えて広がっていく。やがて、僕は触文化の第二の定義として、「目に見えない世界を身体で探る手法」を用いるようになる。

　民博の初代館長・梅棹忠夫は、展示場の中で来館者個々が「ものとの対話」を実践することを推奨している。展示された「もの」から来館者が自発的に情報を入手するために、解説文は必要最小限の文字数にとどめる。これが梅棹の基本スタンス、民博の展示ポリシーである。梅棹は展示の課題について、「まず「もの」にふれていただきたい。そしてそれに接した人が、自由に知的な想像力をはたらかせてほしい」と主張する。さらに彼は、民博の開館日に『毎日新聞』（1977年11月17日夕刊）の学芸欄に寄稿した「たのしい国立民族学博物館」という文章で、次のように読者に呼びかける。

　　……展示品そのものは、ごく日常的な生活用具である。泥のついたままの農具や、きのうまでつかっていたような食器や衣服、まつりや儀式の仮面、楽器、要するに人間の体臭がじかに感じられるような、ナマの品物なのである。みる人は、エリをただして鑑賞するかわりに、それらの道具をつくった人、つかっていた人に、人間としてのすばらしさを共感し、たのしめばいい

のである。

……おもいきって展示品を露出していることである。ガラスケース類をなるたけすくなくして、モノとみる人とのあいだに空気が直接かようようにしたのである。世界中の人間がそれぞれにつくりだした手づくりの道具が生命をもつもののようにわれわれにかたりかけてくる。みる人はそれをうけとめ、対決しなければならない。異文化との対決は、かなり「きびしい体験」であるかもしれないが、そのかわりにそこにひじょうな「たのしさ」がうまれてくるのである。

　上記の梅棹の文章にある「体臭」「空気」「生命」は、目で見ることができない。梅棹の思想を僕なりに解釈し、企画展「さわる文字、さわる世界」でも、一つ一つの展示資料にじっくりさわり、その背後にある「目に見えない物語」を想像・創造する鑑賞を奨励した。企画展の会期中、さまざまな来館者との交流を通じて、「目の見えている人にこそ、触文化の魅力、必要性を伝えていかなければならない」と、僕は確信するようになった。

【「触角」の復権】

　企画展「さわる文字、さわる世界」の終了後、僕に各地から"触"の体験型ワークショップの依頼が舞い込むようになる。大げさにいうと、触文化の伝道師として、全国（時に海外）を訪ね歩く日々が始まった。2008年ごろから「視覚障害者／健常者」という従来の区分に対し、「触常者・見常者」という呼称も用いるようになる。細かいことだが、「／」なのか、「・」なのかの違いは僕にとって大きい。近代的な社会通念では、障害者なのか、健常者なのかで、人間は明確に二分さ

れる。そして、あらゆる場面で「健常者＞障害者」の構図が社会を支配する。一方、脱近代を指向するユニバーサル・ミュージアムでは、触常者と見常者の異文化間コミュニケーションが促進される。触常者と見常者は対等で、それぞれの持ち味を存分に発揮できる場が博物館なのである。

　2014年には「「ユニバーサル・ミュージアム」の六原則」を発表する。この六原則は、触文化論に根差すユニバーサル・ミュージアムの定義を整理したものである。抽象的な理念を順番に並べるのみで終わっているが、僕としては各館の学芸員、研究者がこの六原則を拡張し、それぞれの展示、教育プログラムを立案することを期待したい。以下が六原則である。

「ユニバーサル・ミュージアム」の六原則

1. 誰がさわるのか（who）
障害の有無、国籍などに関係なく、老若男女、すべての人が"さわる"豊かさと奥深さを味わうことができる。
→ 単なる障害者サービス、弱者支援という一方向の福祉的発想を乗り越え、新たな「共生」の可能性を提示するのがユニバーサル・ミュージアムである。

2. 何をさわるのか（what）
手で創られ、使われ、伝えられる「本物」のリアリティを体感できない時は、質感・機能・形状にこだわり、"さわる"ためのレプリカを制作・活用する。
→ さわれない物（視覚情報）をさわれる物（触覚情報）に変換する創意工夫の積み重ねにより、日々発展し続けるのが

ユニバーサル・ミュージアムである。

３．いつさわるのか（when）

人間の皮膚感覚（広義の触覚）は24時間・365日、休むことなく働いており、自己の内部と外部を結びつけている。
→ 展示資料に"さわる"行為を通じて、身体に眠る潜在能力、全身の感覚を呼び覚まし、万人の日常生活に刺激を与えるのがユニバーサル・ミュージアムである。

４．どこでさわるのか（where）

"さわる"研究と実践は、博物館のみならず、学校教育・まちづくり・観光などの他分野にも拡大・応用できる。
→ 両手を自由に動かす「能動性」、多様な感覚を動員する「身体性」、モノ・者との対話を楽しむ「双方向性」を促す場を拓くのがユニバーサル・ミュージアムである。

５．なぜさわるのか（why）

世の中には「さわらなければわからないこと」「さわると、より深く理解できる自然現象、事物の特徴」がある。
→ 視覚優位の現代社会にあって、サイエンス、アート、コミュニケーションの手法を駆使して、触文化の意義を明らかにするのがユニバーサル・ミュージアムである。

６．どうさわるのか（how）

「優しく、ゆっくり」、そして「大きく、小さく」"さわる"ことによって、人間の想像力・創造力が鍛えられる。
→「より多く、より速く」という近代的な価値観・常識を改変していくために、"さわる"マナーを育み、社会に発信するのがユニバーサル・ミュージアムである。

　「ユニバーサル・ミュージアム」という用語が日本の博物館・美術館に浸透・定着するとともに、僕に対して以下の二つの質問が投げかけられるようになった。おそらく、拙著の少なからぬ読者も、同じような疑問・不満を感じておられるだろう。

1.　「ユニバーサル＝誰もが楽しめる」を標榜しているのに、視覚障害者対応だけで十分なのか。聴覚障害・肢体不自由・知的障害など、他の障害者に対する取り組みについてどう考えているのか。

2.　視覚以外の感覚を重視するのは大切だが、現在のユニバーサル・ミュージアムでは触覚のみに偏っている。聴覚・嗅覚など、他の感覚を活かす展示の手法について研究はしないのか。

　上記二つの問いに順番にお答えしよう。まず 1. に関しては、「障害」をどのようにとらえるのかによって論点が変わってくる。そもそも、「障害」（disability）とは近代的な理念である。経済効率・労働可能性を尺度とすると、社会の多数派が当たり前に「できる」ことでも、それが「できない」人々がいる。近代社会では、「できない」人が十把一絡げで「障害者」と総称される。前近代にも目の見えない人、耳の聞こえない人、二本足で歩けない人は生きていた。だが、彼らが「障害者」と呼ばれることはなかった。

　現代社会のカテゴリーでは、目の見えない人も耳の聞こえない人も、同じ「障害者」に属する。彼らに共通するのは何らかの社会的不利益を被っていることのみで、他に接点はない。視覚障害者の日常生活では、聴覚情報（音と声）が大事である。一方、聴覚障害者は手話に代表されるように、視覚による情報処理を得意とする「究極の見常者」ということができる。パソコン、携帯電話の普及以前、

両者が文字・音声を介して対話することはほぼ不可能だった。このように、まったく違う特性・ニーズを持つ両者が、「障害者」という語で括られることに、僕は強い違和感を抱く。

　さまざまな障害者のアクセシビリティ（利用しやすさ）を充実させるのが「ユニバーサル」なのだろうか。もちろん、アクセシビリティの向上を求める思考を否定するつもりはない。しかし、やや厳しく評価するならば、アクセシビリティとは健常者中心の「基準」に合わせることである。

　昨今は世界各国の博物館が「ソーシャル・インクルージョン」（社会的包摂）の実践に取り組むようになった。「今まで不利益を被ってきた障害者たちにも、健常者と同じように博物館を楽しんでもらいたい」。各地の博物館関係の研修会、国際会議に行くと、このような発言をよく耳にする。学芸員個々の熱意には敬意を表するが、これではまだ「人に優しい」レベルにとどまっていると感じる。障害当事者として博物館で働く立場から、健常者に苦言を呈するのが僕の役割だろう。50 歳を過ぎた最近は、多少煙たがられても、言いたいことは言わねばという心境になっている。

　「障害／健常」の二項対立を乗り越えるのが、ユニバーサル・ミュージアムの最終目標である。健常者の「見方」を変える要素がなければ、真の意味での「誰もが楽しめる博物館」は実現しない。あくまでも「視覚障害」は、健常者の世界観（生き方＝行き方）に改変を迫る起爆剤なのである。誤解を恐れずに言うなら、ユニバーサル・ミュージアムの要諦は、障害者のアクセシビリティを保障することではない。多数派の論理、すなわち健常者の見識・見解・見地にどのようにして、どれだけインパクトを与えることができるのか。これがユニバーサル・ミュージアムの精髄だと僕は考えている。

　次に 2. の質問に移ろう。詩人で彫刻家の高村光太郎は、以下のように明言している。「私にとって此世界は触覚である。触覚はいちばん幼稚な感覚だと言われているが、しかも其れだからいちばん根源的なものであると言える」「人は五官というが、私には五官の境界がはっきりしない」「五官は互に共通しているというよりも、殆ど全く触覚に統一せられている」。高村の寸言は、僕の持論とも重なる。僕には芸術家のような直感力はないが、触覚の役割と価値は体験的に理解している。

　僕が最初に自らの触覚の潜在力に気づいたのは 13 歳の時である。失明した僕は点字の触読に挑戦するが、初めは点の数、配置がほとんどわからなかった。点字の教科書が読めなければ、盲学校の授業に付いていけないので、僕は触読練習を繰り返した。明確な日数は忘れてしまったが、ある日、「わかるぞ、読めた！」という感動が僕の指先から全身を駆け巡った。これは、まさに「眠っていた触覚が開いた」瞬間といえるだろう。

　高村光太郎は彫刻作品の制作・鑑賞を通じて、触覚の重要性、本質を自得した。高村も述べるように、触覚は全身の皮膚に分布しているので、人間にとって本能的、根源的な感覚だといえる。また、「触れる」という語がさまざまなニュアンスで用いられる例からもわかるように、視覚（目）・聴覚（耳）・嗅覚（鼻）・味覚（口）は、広義では触覚の一部と考えることができる。さらに視覚・聴覚では情報入手が受動的になりがちだが、手で事物にさわる際は腕を伸ばし、動かさなければならない。

　博物館の展示においても、人間本来の能動性・身体性を取り戻す意味で、触覚は肝要である。インターネットで多種多様な情報にアクセスできるようになった今日、博物館が視覚・聴覚情報を提供す

るだけでは、「冬の時代」を抜け出すことはできない。インターネットで伝わらない、伝えられないのが触覚情報である。展示場に足を運び、手を伸ばさなければ得られない触覚情報を大事にしようという近年の博物館のパラダイムシフトは、ユニバーサル・ミュージアム運動にとっても追い風であるのは確かだろう。

　僕は手でさわることはもちろん、耳・鼻などを能動的に活用すること、身体の内部に眠る感覚を呼び覚ますことを総称して"触"と呼んでいる。聴覚・嗅覚に特化した展示の開発・研究も必要だが、それらも含め、僕は多様な"触"の展開を検討していくつもりである。多くの健常者は、失明前の僕と同様に、視覚依存の生活を送っている。そのため、視覚以外の感覚、とくに触覚の意義を忘れてしまう。どうすれば、"触"が健常者の日常にとって密接なものであることを自覚してもらえるのだろうか。

　"触"の能動性と身体性を示す語として、僕は「触角」（センサー）を用いている。前近代の人間は衣食住の随所で触角を駆使していた。たとえば、江戸時代以前の街は、夜になると真っ暗である。その中を歩く時は視覚が十分に役立たないので、触覚・聴覚・嗅覚が敏感となる。耳や鼻、手足から触角が伸びて、全身を使って歩いていたのである。もともと、人間は虫のような触角を保持していたが、近代化の過程でそれを失ってしまった。では、現代社会において優れた触角の持ち主は誰なのか。芸術家や職人、あるいは一流のスポーツ選手は触角の開拓者ということができる。また、少数派ゆえの不自由・不便を強いられている障害者たちの「生活の知恵」から、健常者は触角を取り戻すためのヒントを得ることができるだろう。

　眠っていた触角が目覚める感動、感覚が開く喜びを体感できるの

がユニバーサル・ミュージアムである。1. と 2. の質問への答えを探り、ユニバーサル・ミュージアムの理論を深化させる中で、僕は「誰もが楽しめる博物館」の新しい言い換え（補足説明）を多用するようになった。それは、「感覚の多様性が尊重される五月蠅い博物館」である。

　従来、博物館・美術館は静かに見学する場所とされてきた。しかし、近年では対話型の鑑賞が各地で試みられている。「五月蠅い博物館」とは、来館者や学芸員など、ミュージアムに集う人々が全身の触角を働かせて交流することを指す。人間は虫のような触角を取り戻すべきだという含意で、あえて「五月蠅い」と漢字表記している。博物館での体験を通じて、感覚の多様性への気づきが生まれれば、健常者とは五感の使い方が異なる障害者を尊重する意識も芽生えるだろう。視覚に依拠する人、触覚に依拠する人、聴覚に依拠する人……。異文化間コミュニケーションを実践できる現場として、「五月蠅い博物館」が発展することを願っている。

【「無視覚流」という生き方】

　僕は 2016 年ごろから「無視覚流鑑賞」の実践に取り組むようになる。無視覚流とは、文字どおり「視覚を使わない」という意味である。目隠しをする、もしくは真っ暗な会場に入るなどの工夫の下で、触角を研ぎ澄ます環境を創るのが無視覚流の目的といえる。少なからぬ健常者は、あえて視覚を遮断しなければならないのはなぜなのかと、疑問を感じるだろう。昨今の博物館では、公開する情報の量を増やし、多彩なコンテンツの中から来館者が自由に選択できるシステム開発が主流となっている。もっとも容易に、しかも迅速に情報処理できる視覚をわざわざ塞がなければならない理由は何なのか。

　ここで想起されるのが、第2章で詳述した琵琶法師・瞽女の歴史である。『平家物語』や瞽女唄は、画像はもちろん、文字も必要としない人々（目の見えぬ触常者）によって創造された。音と声のみで伝承される語り・唄を受容した聴衆は、目の見える触常者だった。21世紀の博物館で、琵琶法師や瞽女の芸能の根底に流れる精神、「目に見えない世界」に触れる機会を創出する。そのためのキーワードが無視覚流なのである。

　2018年、僕は「無視覚流鑑賞の極意六箇条」を公表する。余談になるが、六原則・六箇条など、「六」にこだわるのは、六つの点の組み合わせで「世界」を表す点字の影響なのかもしれない。01年の民博着任以来、僕の中では琵琶法師・瞽女などの歴史研究と、ユニバーサル・ミュージアムをめざす博物館活動は、自身のアイデンティティ形成の両輪となってきた。無視覚流鑑賞を提唱することで、初めてこの二つのベクトルが重なった。以下の六箇条では、琵琶法師・瞽女は登場しない。しかし、これを書いた僕の体内では、琵琶法師・瞽女たちの触角が躍動していた。六箇条の発表以後、ようやく僕は胸を張って、「琵琶を持たない琵琶法師」という自称を使えるようになった（永田法順さんには「まだまだだな」と叱咤されそうだが）。ここで六箇条を紹介しよう。

無視覚流鑑賞の極意六箇条

無視覚流とは「思い遣り」である。
創る人（制作者）・操る人（学芸員）・奏でる人（来館者）の思いは、目に見えない。
さまざまな思いが交流・融合し、「思い遣り」が生まれる。

視覚は量なり、されど大量の情報には、かならず死角がある。

視覚はスピードなり、されど迅速な伝達は上滑りで、記憶に残らない。

無視覚流は「より少なく、よりゆっくり」を原則とし、作品の背後に広がる「目に見えない世界」にアプローチする。

さあ、視覚の便利さ（束縛）から離れて、自然体で作品と対峙しよう。

みんなの「思い遣り」は、視覚優位・視覚偏重の美術鑑賞のあり方を改変し、新たな「動き」を巻き起こす。

1．手を動かす＝まずは触角（センサー）を伸ばして感じてみる。

2．体を動かす＝心身の緊張をほぐし、感性を解放する。

3．頭を動かす＝触角がとらえた情報を組み合わせ、作品の全体像をイメージする。

4．口を動かす＝作品の印象、感想を声に出し語り合う。

5．心を動かす＝作品・他者との対話を介して、自己の内面と向き合う。

6．人を動かす＝ミュージアムが発する能動・感動・連動の波が社会を変える。

　2020年秋に開催予定だった民博の特別展・企画展でも、無視覚流鑑賞を積極的に導入することになっていた。特別展「ユニバーサル・ミュージアム──さわる！“触”の大博覧会」では、照明を落として会場を薄暗くし、来館者の触角を無理なく引き出す仕掛けをする（もちろん、導線の確保など、安全面に十分配慮するのは大前提である）。一方、企画展「見てわかること、さわってわかること──世界をつなぐユニバーサル・ミュージアム」の会場では、通常の照明の下で、さわ

る鑑賞と見る鑑賞を多角的に比較できる資料を集める。コロナ禍で両展示が延期になったのは残念だが、基本的に上記のコンセプトで21年秋にユニバーサル・ミュージアム展を実施するつもりである。

　この10年余、全国各地で多種多様なさわる展示、ワークショップに関わってきた。その経験を通じて、見常者は意外に展示物にさわろうとしないことを知った。ここまで繰り返し述べてきたように、視覚は便利だが、「見るだけでわかった気になる」危うさも内包している。見常者が物に触れる場合、視覚で得た情報を触覚で確認する流れになる。「展示物の形、大きさが視覚的にわかったら、わざわざさわらなくてもいいだろう」「時間がないから次の展示物を見にいこう」。博物館の見学において、触覚情報は「おまけ」的に扱われてきた。無視覚流鑑賞では、あえて便利な視覚を使わずに、触角で物にじっくり向き合う。触角がとらえた情報は体から頭、心へと広がっていく。視覚を使えない不自由ではなく、視覚を使わない解放感を味わってもらうのが無視覚流鑑賞の本義である。

　特別展の英文タイトルは「"UNIVERSAL MUSEUM": Exploring the New Field of Tactile Sensation」とした。このタイトルには、日本発の新たな共生の概念として、「Universal Museum」を国際的に発信したいという僕の思いが込められている。「tactile」の語義は、「触覚的な」「触知できる」である。僕が点字の触読ができた時のような驚き、「Tactile Sensation」をたくさんの来館者にも体験していただければと切望する。

　企画展では、絵画・絵本などの展示を予定している。ここでは、「見てさわる」「見ないでさわる」「さわって見る」「さわらないで見る」など、来館者の好みによって、自由な鑑賞ができる。企画展の英文

タイトルは「SIGHT AND TOUCH: the Universal Museum Creates a World without Borders」とした。

　注目していただきたいのは「the Universal Museum」と「a World without Borders」という表現である。2009 年、ユニバーサル・ミュージアム研究会の発足以来、学芸員・大学教員・アーティストなど、多くの仲間とともに「誰もが楽しめる博物館とは何か」を探究してきた。その成果発表の場が今回の特別展・企画展なので、「これがユニバーサル・ミュージアムである！」という現段階での報告はしたい。それゆえ、「Universal Museum」には定冠詞の「the」を付けた。現在の日本のユニバーサル・ミュージアム研究において、民博が最先端の具体例を示すのだという意気込みで「the」を使っている。

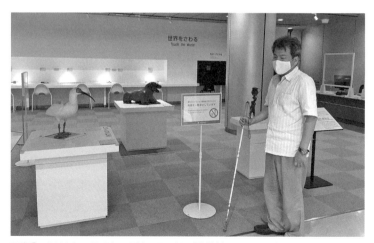

写真④：2020 年 6 月現在の民博の展示場。「非接触」を原則とする博物館では、多様なモノから触発されることはない。このまま、視覚偏重の博物館が続いてもいいのか。ポストコロナに向けて動き始めたミュージアム関係者は、あらためて「ユニバーサル」の意味を真剣に考えなければなるまい。

　一方、客観的に考えると、ユニバーサル・ミュージアムとはめざすべき理想であり、完成形、ゴールはないともいえる。僕は「脱視覚」という観点でユニバーサル・ミュージアムを追求し、さわる展示を深化させてきた。しかし、それはユニバーサル・ミュージアムを具現する一つの試みでしかない。ユニバーサル・ミュージアムにアプローチする方法は他にもあるだろう。民博の取り組みに刺激されて、たとえば聴覚障害者発、肢体不自由者発のユニバーサル・ミュージアムが出てきてもいいのではないか。そんな思いで、「World without Borders」には不定冠詞の「a」を付けた。民博の特別展・企画展が、ユニバーサル・ミュージアムの多様性を開花させるきっかけになれば幸いである。[写真④]

【オリパラの先へ】

　僕のユニバーサル・ミュージアム研究は以下のような流れで発展してきた。「①視覚障害者が楽しめる→②視覚以外の感覚を活用する→③視覚偏重の現代社会のあり方を問い直す」。手前味噌になるが、③の大テーマに真正面から取り組む姿勢が評価されて、研究会は全国の見常者の同志を巻き込むことができたのだと思う。観光・まちづくりなど、他分野との連携も、昨今のユニバーサル・ミュージアム研究の裾野を広げる特徴となっている。ユニバーサル・ミュージアムの定義として、これまでに僕が用いてきたのは以下である。

　　１．誰もが楽しめる博物館
　　２．人が優しい博物館
　　３．感覚の多様性が尊重される博物館
　　４．人類が触角を取り戻すための「五月蠅い」博物館

　1. が理念で、2. 〜 4. がそれを実現するための手段ということができる。本章をお読みになった方は、1. 〜4. が密接不可分であることをご理解いただけただろう。2021 年、民博のユニバーサル・ミュージアム展の来館者から寄せられる忌憚のない意見を通じて、各定義の有効性が実証されることを心待ちにしている。

　さて、上記の四つに加え、2020 年のコロナ禍により、もう一つの定義が生まれることになった。

5. 「濃厚接触」の意義を再確認できる博物館

　新型コロナウイルスの感染拡大を防止するために、濃厚接触を避ける。この社会的な制約（誓約）に対し、僕は反論できない。先が見えない社会状況の中で、全盲の僕に与えられた課題は、真の濃厚接触の大切さを訴え、それを実感できる展示を具体化することである。その意味で、ユニバーサル・ミュージアム展の延期を前向きにとらえたい。2021 年の展覧会は、友人や恩師との交流、琵琶法師・瞽女の研究など、濃厚接触によって育まれてきた僕自身の人生の集大成になるに違いない。

　もともと、僕が 2020 年に展覧会を実施しようと決意したのは、オリパラの影響である（東京オリパラのお祭り騒ぎに便乗して、来館者を集めようという安易な動機があったのは間違いない）。オリパラ、とくにパラリンピックの開催で障害者に対する世間の関心が高まるのは嬉しい。しかし、そもそもパラリンピックとは、「できない」はずの人が、「できる」ようになることを「見る／見せる」祭典である。近代的な能力主義の価値観を突き詰めた先に、パラリンピックの舞

台があるともいえる。

　パラリンピックに出場する個々のアスリートの努力は称賛すべき
だが、僕たちはそこでとどまるわけにはいかない。オリパラという
一過性のブームが終わった後、各方面の障害者施策はどうなるのか。
持続可能な文化政策を考えるきっかけになればという思いで、僕は
ユニバーサル・ミュージアム展の企画に取り組んでいる。

　「ポスト・オリパラ」を意識して、僕はユニバーサル・ミュージ
アムの新定義を追加した。

６．誰もが働きやすい博物館

　第１章で詳述したように、障害者の就労問題は深刻かつ切実である。
オリパラ効果もあり、日本の博物館でも、障害者を含む多様な人々
をお客さんとして受け入れる動きは定着した。民博着任当時、僕が
抱いた「日本全国、そして世界の博物館を訪ねてみたい」という単
純かつ不純な願望は、かなりの程度達成されたと感じる。

　それでは、実際に博物館で働く障害当事者はどれくらいいるのだ
ろうか。正式な調査をしたわけではないが、おそらく日本のミュー
ジアムに勤務する視覚障害者のスタッフは皆無である。世界的にみ
ても、全盲の学芸員はきわめて珍しい。来館者サービスという段階
を脱し、働く仲間として、どうやって、どこまで障害者を認めるこ
とができるのか。今、健常者の真剣さ、実行力が試されているとも
いえよう。いうまでもなく、健常者任せでは厳しい現実を打開でき
ない。障害当事者は「自分たちだからこそできること」を探し出し、
社会に発信しなければなるまい。

　2016年の障害者差別解消法施行後、各方面で「合理的配慮」の

あり方が模索されている。合理的配慮は、20世紀の障害者運動の国際的な潮流の中で構築された共生の概念である。しかし、事業への影響の程度、実現困難度、企業の財務状況などを勘案し、「過重な負担」と判断される場合は、合理的配慮の提供義務はない。つまり、「合理的」の範囲は限定されている。この概念の根底にあるのは、健常者中心の社会システムの中に、どうすれば障害者を適応させることができるのかという能力主義的な課題設定だろう。

　そもそも、社会全般を支配する"理"とは、健常者が創出したものである。障害者がこの"理"に合わせることを一方的に強いられるのなら、差別解消は絵に描いた餅で終わってしまう。合理的配慮の追求は、ややもすると「合理的排除」を惹起しかねないのである。残念ながら、現状の合理的配慮のみでは、「障害／健常」の二項対立を超克することは難しい。

　遠回りに思われるかもしれないが、僕は 1. のユニバーサル・ミュージアムの理想に向かって、2. 〜 5. の実践を積み重ねることで、6. の結果が得られると信じている。6. は、けっして荒唐無稽な夢物語ではない。「誰もが働きやすい」環境を整えるために、琵琶法師・瞽女の「生き方＝行き方」は僕たちにとって大いに参考となるはずである。さあ、オリパラの先に向かって、みんなの触角を伸ばそう。きっと、そこには優しい人々が集う五月蝿い「濃厚接触」の場が待っている！ 【写真⑤】

写真⑤：2020 年 6 月 24 日、民博の新しいシンボルとして、前庭にトーテムポールが設置された。全盲の僕が触察できるのは巨大なポールの下部のみだが、「目に見えない部分」を自由に思い描く想像力・創造力が肝要である。「目の見えない者は、目に見えない物の価値を知っている」。新設されたトーテムポールの木の香に包まれ、僕は現代人が「世界の感触」を取り戻すために、2021 特別展を行うのだという決意を強くした。

おわりに——ポストコロナの特別展に向けて

　2020年4月に緊急事態宣言が出され、数年がかりで準備してきた特別展・企画展の1年延期が決まった。在宅勤務が続く日々の中で、僕は喪失感を味わっていた。「今ごろは秋の展示の実現に向けて突っ走っているはずなのに」。展示の協力者、出展アーティストに延期の連絡をした後、楽天家の僕もさすがに少々落ち込んだ。

　しかし、せっかく与えられた1年の猶予期間を無駄に過ごすわけにはいかない。今、できること、やるべきことは何なのか。それは、自分のこれまでの活動を客観的に振り返り、「ユニバーサル・ミュージアム」の概念を整理して文章化することだろう。僕は本を作る、論文を発表するなど、具体的な目標は定めぬまま、とりあえず自分の考えを文字にしていった。結果的に、僕は書く行為、手を駆使する身体運動によって、コロナショックから立ち直ることができた。

　書き溜めた原稿は、5月の連休明けにはそれなりの分量になった。「多くの方に気軽に読んでもらえる書籍になれば」という思いで、小さ子社の原宏一さんに相談を持ち掛けた。小さ子社に特別展の図録の編集・発行をお願いしている経緯もあり、原

さんはすぐに拙稿を読んでくださった。「ピンチはチャンスなり。2021年秋の展示オープンまで、どんどん攻めていこう」。さわらない・さわらせない社会状況だからこそ、"触"の大切さを訴えていくべきだという点で、二人の意見は一致した。

　ウェブ連載という発信方法は、原さんの提案である。僕にとっては初めての試みだった。原さんが拙稿に目を通し、ウェブで読みやすい分量にまとめ、見出しを付ける。毎週送られてくる原稿に僕が加筆・修正する。こんなやり取りが2か月間繰り返された。著者と編集者の共同作業でコラムを更新していくプロセスは、新鮮で楽しいものだった。連載コラムはコロナ禍の副産物、在宅勤務の大きな成果といえよう。

　連載を始めるに当たって、どれくらいの読者を獲得できるのか、僕は不安を感じていた。友人・知人に案内メールを送り、URLを告知したところ、予想をはるかに上回る反響があった。「これはいけるぞ！」という手応えを得た僕は、毎週のコラムの充実に注力した。5月〜6月は、コラムの記事をアップすることが僕の最優先の仕事となった。ウェブ連載の場を提供してくれた原さんにあらためて感謝したい。

　5月後半以降、連載コラムを読んだ方からさまざまな問い合わせをいただいている。6月には新聞各紙からのインタビュー取材が相次いだ。自慢話になり恐縮だが、わずか1か月足らずの間に、僕に関連する記事がいわゆる五大紙（全国紙）すべて

に掲載された。僕の活動がこれほどの注目を集めることはなかったし、おそらく今後もないだろう。僕は自分の記事が載った新聞を手に取り、「これもコロナ効果か」と苦笑している。

　当初、原さんに渡した拙稿のタイトルは、「それでも僕は「濃厚接触」を続ける！」となっていた。連載を開始する際、タイトルについて議論し、「僕」を「僕たち」に変えることにした。「濃厚接触」を他人事ではなく、自分たちの問題として考えてほしいというのが、タイトル変更の狙いである。連載コラムの回を重ねる度に、「僕たち」の仲間が広がり、"触"の可能性に気づく、"触"の多様性を築く緩やかな流れができてきたような気がしている。この流れを2021年の特別展につなげていきたい。

　7月に入り、民博は団体の受け入れを再開し、展示場における来館者対応の制約を少しずつ緩和する方向で動き始めている。「世界をさわる」展示コーナーの立ち入り禁止も解除された。手指の消毒を徹底した上で、展示資料に優しく丁寧にさわる。消毒は、「さわるマナー」の普及と定着にとってプラスに作用する。消毒で他人を思い遣る精神は、物の背後にいる者（創る人、使う人、伝える人）に接する作法と技法を育てる。コロナ禍を経験した人類が"触"の意義を再確認する場として、2021年の特別展は日本社会にとって、きわめて重要なものになるに違いない。

　本文で述べたように、2020年のユニバーサル・ミュージア

ム展は特別展・企画展の同時開催という形式で計画されていた。だが、会期の延期に伴い、企画展の実施を取りやめ、特別展に一本化することとなった。展示の規模が縮小されるのは確かだが、会場が一つになるメリットも大きい。企画展の趣旨を包含する方針で、特別展会場のレイアウトを再検討しているところである。もちろん、展示全体のコンセプトは変更せず、出展作品数を減らすこともない。僕は特別展への一本化を「縮大」と称している。スペースは縮小するが、展示から得られるインパクトは増大させる。そんな「縮大」プランに本格的に取り組むための第一歩が、本書の刊行なのである。

　全8回の連載コラムに大幅に加筆し、随所に新稿も入れて本書を完成した。本書を通じて、「濃厚接触」に関する僕なりの説明はできたと思う。いよいよ次は、「濃厚接触」の実践の機会を創出するのが僕、いや僕たちの課題である。2021年9月に開幕する民博の特別展「ユニバーサル・ミュージアム──さわる！"触"の大博覧会」へのご支援をお願いしたい。この本を読んでくださったみなさんの手で、「誰もが楽しめる特別展」を盛り上げてもらえたら嬉しい。

　最後に、もう一度、声を大にして言おう。それでも僕たちは「濃厚接触」を続ける！

著者プロフィール

広瀬浩二郎（ひろせ・こうじろう）

自称「座頭市流フィールドワーカー」、または「琵琶を持たない琵琶法師」。
1967年、東京都生まれ。13歳の時に失明。筑波大学附属盲学校から京都大学に進学。
2000年、同大学院にて文学博士号取得。専門は日本宗教史、触文化論。
01年より国立民族学博物館に勤務。現在はグローバル現象研究部・准教授。
「ユニバーサル・ミュージアム」（誰もが楽しめる博物館）の実践的研究に取り組み、"触"
をテーマとする各種イベントを全国で企画・実施している。
『目に見えない世界を歩く』（平凡社新書）、『触常者として生きる』（伏流社）など、著書多数。

●テキストデータ提供のお知らせ

視覚障害、肢体不自由、発達障害などの理由で本書の文字へのアクセスが困難な
方の利用に供する目的に限り、本書をご購入いただいた方に、本書のテキストデー
タを提供いたします。
ご希望の方は、必要事項を添えて、下のテキストデータ引換券を切り取って（コピー
不可）、下記の住所までお送りください。

【必要事項】データの送付方法をご指定ください（メール添付 または CD-Rで送付）
　　メール添付の場合、送付先メールアドレス・お名前をお知らせください。
　　CD-R送付の場合、送付先ご住所・お名前をお知らせいただき、200円切手を
　　同封してください。

【引換券送付先】〒606-8233　京都市左京区田中北春菜町26-21　小さ子社

それでもぼくたちは「のうこうせっしょく」をつづける！
せかいのかんしょくをとりもどすために

それでも僕たちは「濃厚接触」を続ける！
―世界の感触を取り戻すために―

2020年10月27日　初版発行

著　者　広瀬浩二郎

発行者　原　宏一

発行所　合同会社小さ子社

　　　　〒606-8233 京都市左京区田中北春菜町26-21
　　　　電話 075-708-6834　FAX 075-708-6839
　　　　E-mail info@chiisago.jp　https://www.chiisago.jp

カバーデザイン　桑田知明

触図印刷　点字・触図工房Ｂ・Ｊ

印刷・製本　亜細亜印刷株式会社

ISBN 978-4-909782-06-9

テキストデータ引換券
それでも僕たちは
「濃厚接触」を
続ける！